8つの家族のストーリー

わたしたちが安心して家を買えた理由

川瀬太志・リライフクラブプロジェクト

住宅新報社

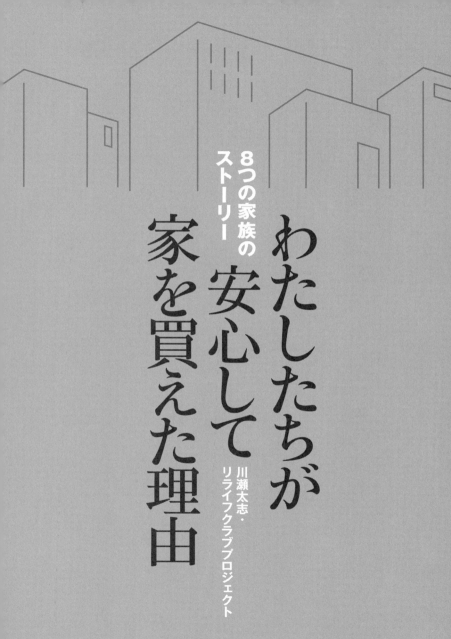

はじめに

マイホームを検討されているみなさんへ。

あなたは、マイホームを不安なく、正しい方法で手に入れることができ、あとから後悔することもないと言い切る自信がありますか？


戸建住宅を建てる、分譲戸建住宅を買う、分譲マンションを買う——新築でも中古でも、マイホームを持つというのは特別なことです。

学校を出て就職し、結婚をする。そして子供が生まれ、住んでいる賃貸マンションが手狭になってくる。そのうちに仕事が軌道に乗り、昇給などして家計にも少しゆとりが出てきた頃、多くの人たちがマイホームを持つことを考え始めます。

ほとんどの人にとってマイホームは人生で一番高価な買い物です。そして、ほとんどの人はそんな大きな買い物をしたことがありません。マイホームは、クルマや家電製品のように何度か買い替えることも出来ません。ほとんどの人は、初めてマイホームを買うのです。いわば「マイホーム取得の初心者」です。初心者が膨大な専門知識が必要な「高価なモノ」を買ったり、建てたりするのです。簡単であるはずがありません。

多くの場合は、住宅ローンを組んで30年以上の時間をかけて返していきます。どんなマイホームを手に入れるのか、ということは向こう数十年にわたる家族の未来を決める大事な意思決定です。

そんなことに思いを巡らせる時、「さて、マイホームってどうやって手に入れたらよいのだろう?」と誰しもが不安に駆られます。実に約9割の人がマイホーム取得に不安を感じているのです。(詳しくは第一章にて)

実際、どれくらいの価格の、どんな家を、誰から、どのように買うか、また住宅ローンをどう組むか、といったマイホームの取得の仕方によって、家族の未来は大きく変わります。例えば、ローンの組み方、返し方が違うだけで住宅ローンの総支払額が数百万円変わってくることもあります。家計の資産形成に大きな影響を与えますから、ローンを支払い終えた後の老後の暮らし方さえも変わってきます。

どれくらいの価格の、どんな家を、誰から、どのように買うのが正解なのか。

こんな高価な買い物なのに、正しい買い方を知らずにマイホーム購入を進めてしまってよいのでしょうか。そして購入した人の実に7割近い人たちが、後悔していますす。すでにマイホームを購入した人へのアンケートの結果がそれを表しています。

「持ち家を取得する前に、家の性能や資金に関する勉強会があれば参加したかったですか?」

・参加して勉強しておきたかった　24・3%

・どちらかと言えば参加して勉強しておきたかった　44・2%

合計　68・5%

（2015年ハイアス・アンド・カンパニーの住宅アンケートより）

誰もが人生でもっとも高価な買い物であるマイホーム取得で失敗などしたくない、後悔などしたくないと思っているはずです。でも、およそ7割の人たちが「もっと家の性能のことや住宅ローンなどの資金計画などについて勉強してから買えばよかった」と思っているのです。

では、マイホーム取得で失敗しないためにはどうすればよいのでしょうか。

それは、意思決定をするために必要な情報を十分に持っていることでしょう。

では、その情報とは何でしょうか。

それをすべて挙げろと言われたら膨大な情報量になります。建物の構造、断熱性能、耐震性能、耐久性、デザイン、土地や建物に関する法律や税金、住宅ローン商品、金利動向、不動産市況などなど……。

マイホーム取得を意思決定するうえにおいて知っておくべき情報はとても多いのです。しかもその多くは専門的です。

これらの情報をすべてあなたがご自分で調べて、勉強して、比較して、整理することができるでしょうか。それは到底無理でしょう。

では、どうすればよいのでしょうか。

そんな難しい買い物で失敗しないためには、そして後悔しないためには、「プロ」のサポートを受けることです。

あなたがマイホームを欲しいと思った時に、あなたの夢や希望に熱心に耳を傾けてくれて、マイホーム取得に必要な専門的知識をわかりやすく教えてくれて、行政や金融機関、保険会社などとの難解な手続きを代わりにやってくれて、関係する人たちとの間を取り持ってくれて、将来的な家計設計までしてくれる。そのようにしてマイホーム取得に安心を与えてくれる人。

そんな「プロ」をあなたのマイホーム取得計画における「よきアドバイザー」とすること。これが安心して満足できるマイホームを取得するための最も重要なポイントのひとつです。

この本では、夢のマイホームをそんな「プロフェッショナルなよきアドバイザー」

と出会って、安心して手にすることが出来た8家族のストーリーをご紹介します。すべて実例です。

このストーリーには8人の「プロ」が登場します。この8人は、住宅会社や不動産仲介会社においてお客様対応を担当している人たちです。彼らは皆、事業者側の立場ではありますが、お客様の長期的利益を大切にしています。住宅についてはもちろん、家計設計や住宅ローンなどのファイナンシャルプランニングの知識も持ち合わせています。そして、お客様の安心と満足のために誠実に対応します。

あなたに安心をもたらしてくれる「プロフェッショナルなよきアドバイザー」とはいったいどんな人なのでしょう?

「いつかは」の人も「そろそろ」の人も、マイホームを検討しているすべての人に本書を読んでいただきたいと思っています。

そして、あなたが「よきアドバイザー」と出会って、満足のいくマイホームを手に入れるための一助に本書がなれば幸いです。

川瀬太志

目次

Contents

カバー・本文デザイン／佐藤秀紀

第1章

マイホーム取得の不安を解消するのは誰か

川瀬太志

マイホーム取得は考えることがいっぱい

みなさん、こんにちは。みなさんがこの本を手に取られたということは、そろそろマイホームを買おうか、建てようかと考えておられるということかもしれませんね。まだまだ先だけど、という方もいらっしゃれば、もうすぐにでも、という方もいらっしゃるかもしれません。

一戸建てにしようか、それともマンションにしようか。

新築にしようか、それとも中古を買ってリフォームをしようか。

土地から買って一戸建てを建てるのか、それとも土地付きの分譲住宅にしようか。

場所は中心市街地にしようか、それとも郊外にしようか。

考えることはいっぱいありますね。マイホームについて考えることは、自分の家族の将来について考えることですから、いろいろと夢が膨らんで楽しいものでしょう。

ただ、マイホームを取得することに関して考えているうちに、不安になってくることはないでしょうか。

私は、FP（ファイナンシャルプランナー）という資格を持って、住宅・不動産のコンサルタントの仕事をしています。直接的な私のお客様は住宅会社・不動産会社であり、そこで働いている社員のみなさんです。お客様の会社の経営戦略策定のお手伝いをしたり、住宅営業担当者向けに営業研修をしたりしています。

また、住宅をこれから買おう、建てようと考えているようなエンドユーザーのみなさんに向けても、住宅購入セミナーや住宅ローン相談会などを年間100回くらい行っています。そんな時、多くの方々がマイホーム取得について「不安なんです」とおっしゃいます。

一方で多くの住宅営業担当者は、お客様と今進めているマイホーム購入について、お客様が不安を感じていることを知りません。不安を抱えたままマイホーム取得の手続きだけが進んでいく……。これではせっかくの夢のマイホームが台無しにもなりかねません。

みなさんはマイホーム取得に不安はありませんか？　購入した後になってから後悔

しないためには、どんな住宅営業担当者と、どのようにマイホーム取得の話を進めていけばいいのでしょうか？　はたして不安の正体とはいったい何なのでしょうか？　そして、不安をきちんと解消してくれるような信頼のおける住宅営業担当者とはどういう人たちなのでしょうか？　本章ではまずそこから説明していきたいと思います。

今、マイホームを買う人・建てる人は増えている

さて、夢のマイホームです。実は今、マイホームを買う人・建てる人はとても増えています。平成28年に新たに建築された住宅は、戸建てもマンションも賃貸もすべて合わせて96・7万戸でした。これは前年対比で6・4％の増加、2年連続の増加です。そのうち、持ち家一戸建ては、29・2万戸（前年比3・1％増、3年ぶりの増加）、分譲住宅は、マンションと一戸建てを合わせて25・0万戸（前年比3・9％増、2年連続の増加）でした。

平成26年4月の消費増税（5％→8％）を境に新築住宅の着工は落ち込みました（平成25年98・0万戸→平成26年88・2万戸）が、すでに平成28年の段階で消費増税

着工統計

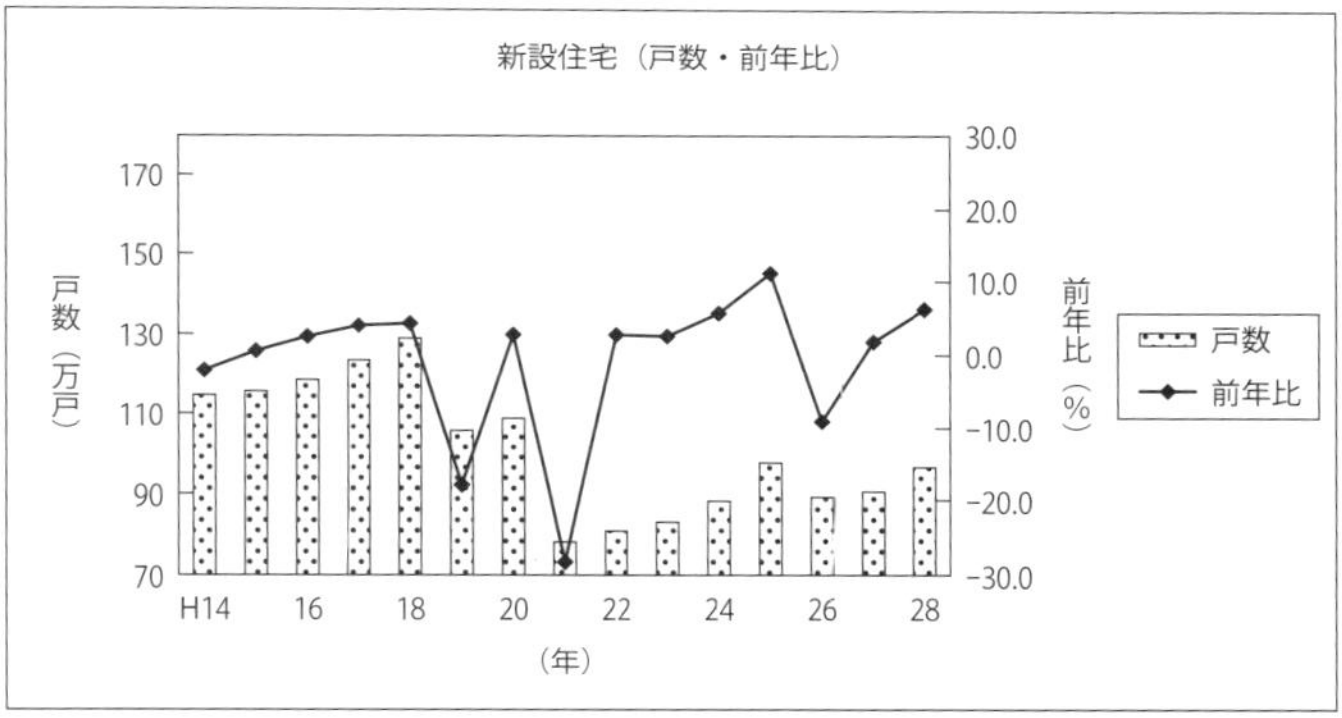

（国土交通省　平成28年建築着工統計調査報告より）

前の水準近くまで戻ってきています。

その要因としては、景気が回復していることや長く続く低金利などがあげられています。

まず、景気の回復です。好景気のお陰だと思いますが、家を買う世帯の収入は増えています。２０１６年度家計調査年報によると、住宅購入世代である40歳代未満の世帯年収は６１１万円。これは４年連続の増加になります（２０１６年度「家計調査年報」２人以上勤労世帯より）。

また住宅ローン金利も低い状態が続いています。例えば、住宅ローンの代表的存在である「フラット35」は２０１７年に入ってから

フラット35　借入金利の推移

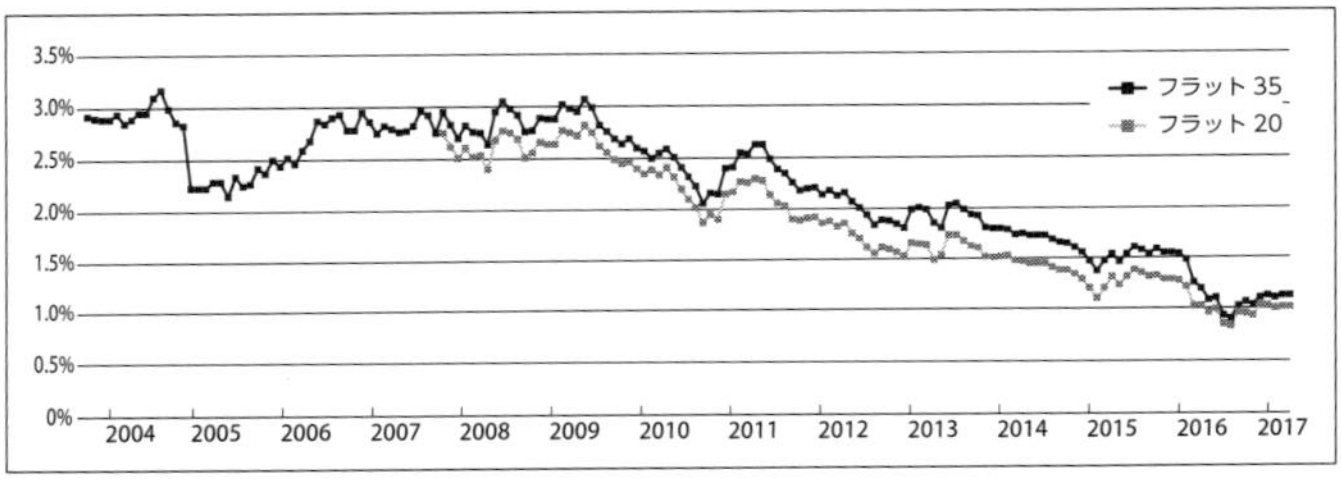

出典：㈱ハウス・デポ・パートナーズ

は大体1・0〜1・1％程度の水準です。消費増税前の駆け込み需要があった平成25年1月〜12月の平均金利が1・93％ですから、およそ1％近く下がったことになります。

つまり、ここ数年、年収が上がり、金利が下がっているわけです。そういった社会的要素をみる限り、住宅はまさに今買い時であると言えます。

実際に私が住宅相談に応じた中でも、今支払っている家賃よりも住宅ローンの毎月の返済額のほうが低いから、というような話を見聞きしたことがマイホーム取得のきっかけになったという若い世代のご夫婦は多くいらっしゃいます。

アンケート結果に見るマイホーム希望者の「不安」とは？

しかし、いくら金利が低くて取得しやすくなったとは言え、マイホームが人生で最も大きな買い物のひとつであることは変わりません。マイホームのような大きな買い物をするにあたっては、初めてマイホームを取得する若い世代はもちろん、住み替えや買い替えを考えているシニア世代でも不安になったり慎重になったりするのは当たり前のことです。多くの方々は、マイホームは欲しいけれども不安なのです。

住宅・不動産のコンサルティング会社であるハイアス・アンド・カンパニーが行ったインターネットアンケートからもそんな方々の不安な心理が読み取れます。

住宅に関するアンケート

・調査方法　インターネットリサーチ
・実施機関　株式会社マクロミル
・実施期間　２０１７年7月28日（金）～7月29日（土）

・回答者　20歳～49歳までの618名
・現在の住まい　民間賃貸住宅、公営住宅、都市再生機構・公社等の賃貸住宅、社宅・寮・公務員住宅等

ではアンケート結果を見ていきましょう。

Q1.「マイホーム取得に対して不安に感じることはありますか？」

不安に感じることが多くある　49・7％
不安に感じることがまあまあある　39・2％
不安に感じることはあまりない　9・8％
不安に感じることはない　1・4％

Q1については、「マイホーム取得の意向がある」と答えた方296名のうち、「不

マイホーム取得の意向があるが、不安88.9%

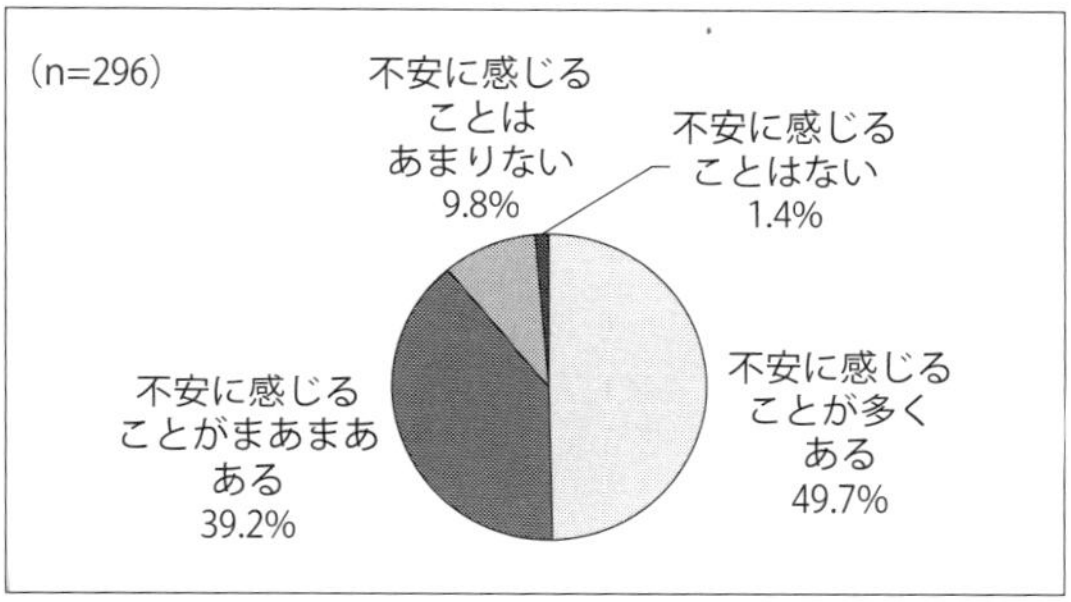

安に感じることが多くある」「不安に感じることがまあまあある」と答えた方は、合わせて88・9%に上りました。

つまり、「マイホームが欲しい」という人たちのうち約9割近くの人たちが「不安がある」と感じているのです。

では、いったい何が不安なのでしょうか？　マイホーム取得に不安があると答えた方々に、何が不安なのかを聞いた結果は次のとおりでした。

Q2.「マイホーム取得に対する不安とはなんですか？」

1位　無理のない返済計画が立てられるか

マイホーム取得における「不安」は「お金」に関すること

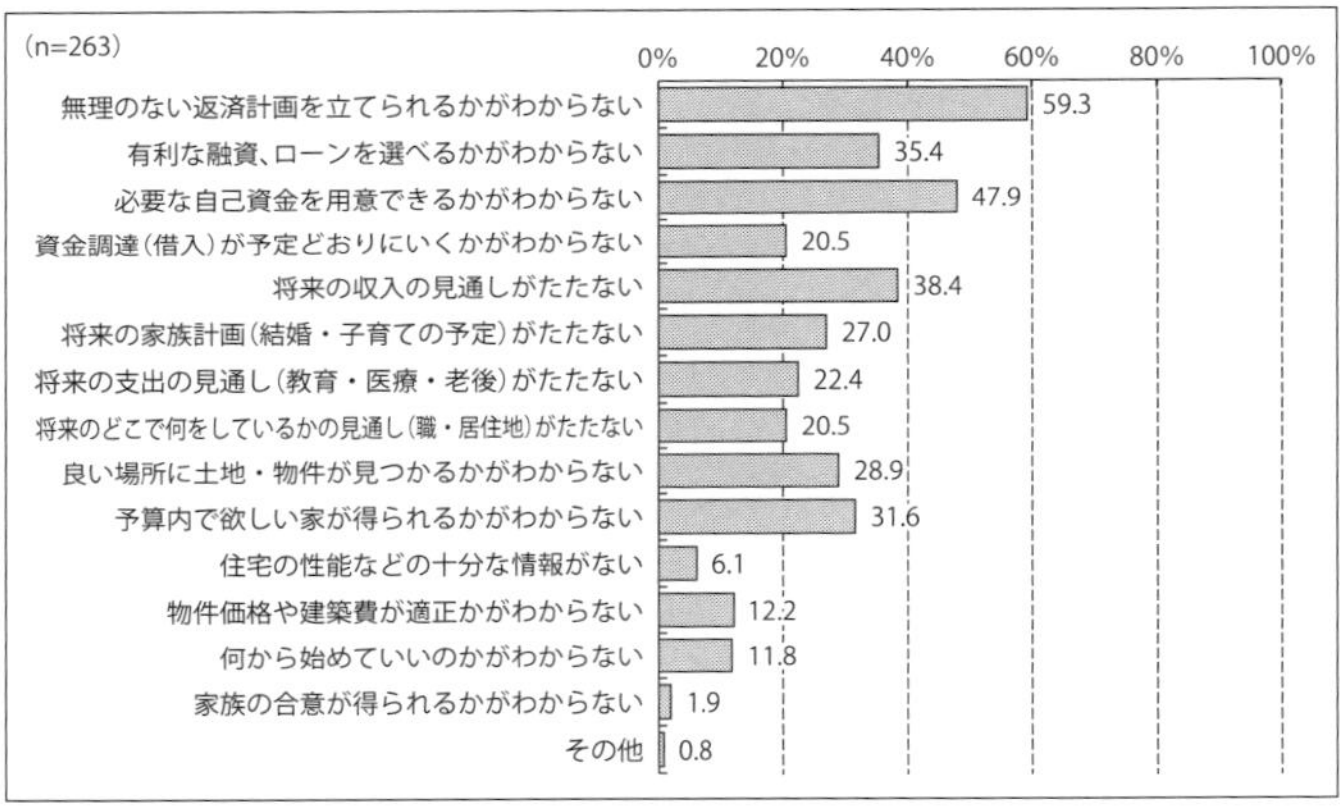

59・3％

2位　必要な自己資金を用意できるか

47・9％

3位　将来の収入見通しがたたない

38・4％

4位　有利な融資・ローンを選べるか

がわからない　35・4％

マイホーム取得における「不安」を具体的にみてみると、返済計画、自己資金、将来の収入見通し、そして住宅ローンのことでした。つまり、マイホーム取得に関する「不安の正体」は「お金」に関することだったのです。

一方で、建物性能や物件についてはそれほど不安ではないようです。

物件価格や建築費が適正かがわからない　12・2％

住宅の性能などの十分な情報がない　6・1％

物件や建築費の妥当性や性能などについては、住宅営業担当者がしっかり説明できているか、自分でも調べることができるからかもしれません。もしくは、「まだそこまで行っていない、まずは資金の話から」ということなのかもしれません。

また、「マイホーム取得の意向がない」と答えた方へ「なぜマイホーム取得の意向がないのか？」という質問に対する答えは次のとおりでした。

Q3.「マイホーム取得の意向がない理由は何ですか？」

1位　多額のローンを抱えたくないから　38・8％

2位　維持管理がわずらわしいから　18・9％
3位　固定資産税の支払いが重いから　18・1％

マイホームを持ちたくない理由もやはり「お金」のことです。ローンは抱えたくないし、維持費をずっと払うのも、毎年税金がかかるのも嫌だから、というのがマイホームを敬遠する理由となっています。

誰が不安を解消してくれるのか

「マイホームが欲しい」という方の不安とは「お金」のことでした。そして、「マイホームは持ちたくない」という方の理由も「お金」のことでした。結論はどっちになるにせよ、マイホームについて考えるとき、多くの方は「自分の家計は将来にわたって大丈夫なのだろうか？」と不安になるのです。

マンションか一戸建てかとか、新築か中古かとか、立地はどこがいいかとか、洋風か和風か、どんなデザインの家がいいか、などなどマイホーム取得に関して迷うことは実にいろいろあります。しかし、それらすべての前にあるのが、「そもそもマイホームを持っても大丈夫なのだろうか?」という不安です。

・十分な頭金もないのにマイホームを買っていいのだろうか?

・買えたとしても35年もかけて住宅ローンは返していけるのだろうか?

・マイホームを持つことで維持費や税金もかかってくるが家計は大丈夫なのだろうか?

多くの方々がこういった不安を持ち、そして少なくない方がマイホームを諦めているという現実が見えてきます。

マイホームは大きな買い物です。そしてそのマイホームにはこれからの長い時間住むことになります。いろいろなことを考えないといけません。中でも一番不安なのは「将来の家計」のこと、つまり「お金」のことです。

エンドユーザーであるみなさんは、この不安を解消してくれる存在として「プロ」

のサポートを求めているようです。ここでいう「プロ」とは住宅会社や不動産仲介会社の営業担当者のことです。

Q4.「住宅取得の不安の解消や、計画・活動を進めるために、住宅会社や不動産会社に求めるものは何ですか?」

1位　無理のない返済計画への助言　47・6%
2位　良い場所の土地、物件の提案　35・1%
3位　税制優遇などの活用の助言　34・1%
4位　有利な融資・ローンの選択の助言　32・4%

Q5.「前問Q4のようなサポートをしてくれるかどうかをどれくらい重視しますか?」

・とても重視する　40・4%

・重視する　50・4％

ここにあげられている業務こそがエンドユーザーのみなさんが住宅営業担当者にもっとも求めていることと言えるでしょう。半数近い方たちが住宅営業担当者に求めているのは、「無理のない返済計画への助言」です。それをしてくれるかどうかが住宅会社、不動産仲介会社を選ぶ基準にもなっていることでしょう。

おそらくポイントは「無理のない」というところだと思います。しかし、残念ながら世の中の多くの住宅営業担当者はエンドユーザーのみなさんの期待には応えてくれません。むしろ「これは無理じゃないか？」と思うような返済計画を平気で勧めてくる担当者もいるほどです。なぜかというと、住宅営業担当者は「建物や土地に関するプロ」であって「お金のプロ」ではないからです。

住宅営業担当者がまず話をするのは建物や物件のことです。エンドユーザーのみなさんの「買えるのだろうか？」「買っても将来的に問題ないのであろうか？」という不安は横において、まずは自社の扱っている建物や物件がいかに魅力的なのかをとにかく伝えようとします。そして、みなさんが「不安はあるけれど、検討を前に進めてみようか」となってからようやく資金計画です。ただし、ここでいう資金計画とは、みなさんの資金的な不安にこたえるものではなく、年収からみていくら住宅ローンを借りることができるかを確認することであったりします。住宅営業担当者が行う具体的なアクションとしては、「年収がわかる源泉徴収票などを預かって銀行に提出して住宅ローンの審査をしてもらうこと」です。

ローンの審査申請書に記入したその借入額は本当に返していける金額なのか？　10年後も、20年後も大丈夫なのか？　その金額のローン返済をしながら子どもの大学までの教育費を負担できるのか？　安心して老後を迎えることはできるのか？

みなさんのこういった不安にこたえるものではありません。

「将来返していけるのか」ということよりも「いくら借りることができるのか」が住宅営業担当者の関心事です。なぜなら、その金額によって今提案している住宅が契約できるかどうかが決まるからです。

つまり、エンドユーザーであるみなさんの関心事と住宅営業担当者の関心事には大きなギャップが存在するのです。

その後、ローン審査が通って次は契約となった時、みなさんが不安とともに「本当に大丈夫でしょうか？」と住宅営業担当者に聞くと、ほぼどの担当者も「大丈夫ですよ！」と言うでしょう。みなさんは、「プロが大丈夫と言うのだから大丈夫だ」と安心するかもしれません。しかし、その「プロ」は「家を売るプロ」もしくは「家を建てるプロ」です。みなさんの家計の将来を考えてくれるプロではないのです。

不安を解消してくれる「ファイナンシャルプランニング」とは？

エンドユーザーのみなさんが不安なく、安心してマイホーム購入の検討を進めるためには、単にいくらまでの住宅ローンが借りられるのか、ということだけではなく、マイホームを手に入れても将来にわたって家計は大丈夫なのかどうかを総合的に見えるようにすることが大事です。

「将来にわたる家計の状況を見えるようにする」、このことを「ファイナンシャルプランニング（FP）」といいます。

「ファイナンシャルプランニング」と聞くと何やら難しいようなイメージがあるかもしれませんが、実はとてもシンプルです。家計の今とこれからをすべて金額や率などの数字に置き換えていくだけです。数字で示すことで、何がどれくらい得なのか損なのか、リスクはどんなところに、どれくらいありそうなのか、といったことがわかります。

「ファイナンシャルプランニング」とは何か？

「将来のライフステージの変化に伴う家計状況を予測し、それに対して備えること」。これがファイナンシャルプランニングの定義です。

ライフステージとは、結婚、出産、子どもの進学、ご主人の転勤、昇給・昇格、子どもの結婚、ご主人のリタイアと老後といった、いわば人生の節目のイベントによって変わる生活段階です。人生は長く、そしていろいろなことが起きるものです。家族の不慮の事故や病気などもいつ起きるかわかりません。そういった不測の事態も仮に想定して、数字に置き換えます。そしてその数字に備えていくために家計の収入や貯蓄、消費や投資、そして保険や借入（ローン）などの組み合わせを考えるのです。それがファイナンシャルプランニングにおいて「ライフプラン」と呼ばれるものです。

今とこれからの日本は、私たちの父母の時代のように経済が右肩上がりで成長し続けていくような社会ではありません。真面目に働いてさえいれば給料が上がり、定年まで勤めることができて、最後は退職金ももらえて、老後の年金も多くもらえる、そんなライフプランが設計できるような時代ではありません。そんな不確実な時代だからこそ、さまざまなライフステージの変化を想定して、できるだけ若い頃から財産形成のために貯蓄をしたり、保険をかけたりするというファイナンシャルプランニングはますます重要になってきているのです。

ライフプランにおける「人生三大支出」とは？

人生の中でも最も大きなイベントのひとつが「マイホームの取得」です。マイホーム取得に関する資金計画は心配ではあるけれど、「将来のライフステージまで予測して」などというのは少し大げさに感じられるかもしれません。しかしマイホームはライフプランの設計においてかなり大きなウエイトを占めます。私は、みなさんがマイホーム取得を考え始めた時こそファイナンシャルプランニングをやるべきタイミングだと考えています。

みなさんはファイナンシャルプランニングの世界で「人生三大支出」と呼ばれているものが何かご存じでしょうか？　その大きな支出とは、「住居費」「教育費」「老後費」です。

住居費：家賃や住宅ローン、将来のメンテナンスやリフォーム、固定資産税など住まいにかかる費用です。

教育費：子どもの学費、塾などの習い事、入学金や仕送りなど教育全般にかかる費用です。

老後費：老後の医療費、介護費などにかかる費用です。

この三大支出が発生するタイミングでは家計の収入と支出のバランスが崩れやすくなります。だからライフプランを考えるときには、この三大支出をどうするかをよく考える必要があります。

ライフプランシミュレーションのサンプル

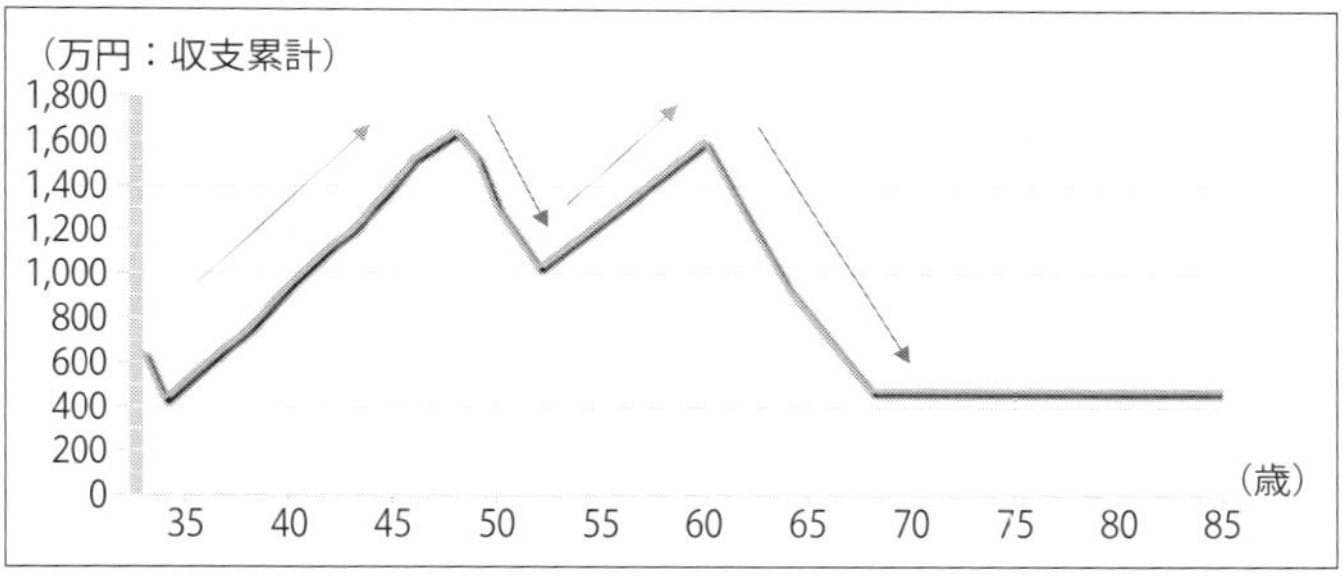

例えば、上のライフプランは夫婦ともに33歳で長男5歳と次男3歳のお子様がいる家庭のケースです。横軸がご夫婦の年齢、縦軸が家計の貯蓄額です。33歳から85歳までの家計の貯蓄額の推移がグラフになっています。

グラフが上に上がっている時は貯蓄が増えている時。つまり収入のほうが支出より多い時期です。

グラフが下に下がっている時は貯蓄が減っている時。つまり支出のほうが収入より多くなる時期です。

お子様がいらっしゃる若いご家族の貯蓄額の推移はだいたいこのような形になることが多いのですが、最初に貯蓄が減っている時が、「教育費」がかかっている時期です。お子様たちが高校から大学に行くタイミングですね。

上のお子様が大学に入学する頃（夫婦47歳、長男19歳、次男17歳）からはじまり、次男が大学を卒業する頃（夫婦53歳、長男25歳、次男23歳）まで続きます。この約7年間は恐らく教育費を中心として支出が収入を上回る時期になります。この時期のことを「教育期」といいます。

次に貯蓄が減っている時が、「老後費」がかかってくる時期です。ご夫婦が60歳になるタイミングで一度退職し、65歳まで再雇用で働く計画にしたとしても、どうしても仕事の収入は減っていくでしょうから、老後は貯蓄を取り崩しながら年金生活に入っていくような生活になることが多くなります。この時期のことを「老後期」といいます。

三大支出のうち、この「教育期」と「老後期」はいつやってくるかがもう決まっています。例えば、この事例のご家族の場合ですと、教育期が始まるのが14年後であり、教育期が終わるのが20年後。そして老後期がはじまる60歳になるのが今から27年後で、年金支給は65歳になる32年後です。

三大支出のうち、「住居費」だけがその負担額とタイミングを自分で決めることができます。そして恐らく、多くの若いご家族にとって、住居費について決断するタイミングは三大支出のうちで一番初めにやってきます。

学校を卒業して、就職して、結婚して、子どもが生まれ、家が手狭になってくるころに給与が少し上がってくる。「そろそろ家を買おうか」という話になります。恐らくご夫婦が20歳代後半～30歳代前半のあたりでしょう。このマイホームを検討するタイミングで先々を見越してライフプランを考えてみることが大事なのです。

そこがぼんやりしたままだと、このあとやってくる教育期を乗り越えられなかったり、肝心の老後期を貯蓄がないような不安定な状態で迎えたりすることにもなりかねません。

つまり、住居費をどうするかの決断次第でその後にやってくる教育費と老後費の負担タイミングをうまく迎えることができるか、それとも苦しむことになるのかが決まると言っても過言ではないのです。マイホームを手に入れるタイミングで住宅ローンの組み方や返済額の設定を間違えたために、数年後にやってくる教育費がかかる時期を乗り越えられなかったり、最終的に老後にしわ寄せが行ったりする、なんてことは実はよくあります。

住宅ローンのシミュレーションだけでは十分ではないのです。将来の教育費や老後費はどれくらいかかるのか、そのための貯蓄計画はどうすればいいのか、その上で住宅ローンはいつから初めていつまでに完済するのがいいのか。こういったことを知った上でマイホームを買うのと知らずにマイホームを買うのとでは、その後の人生に大きな違いが出る可能性があります。

年収と年齢だけで、「これだけ借りても大丈夫！」と言われても安心できないな、と思いませんか？　だから、私たちは安心してマイホームを取得するためにも、このタイミングで家族の将来と家計とをよく見つめて、ライフプランを立てるなどのファイナンシャルプランニングをすることをお勧めしているのです。

ライフプランの2つの事例

ファイナンシャルプランニングは画一的なものではありません。すべての家族ごとに違うライフプランが存在します。当然、マイホームにおける資金計画も変わってきます。

例えば、ライフステージが異なる典型的な2つの家族のマイホーム資金計画を見てみましょう。

事例1：30代前半のご夫婦と就学前の小さなお子様2人の4人家族の事例。

「ご主人様の年収は400万円台。奥様は子育てをしながらのパート社員。託児施設の支払いも大変で家計は決してラクではありません。毎月支払える額にも限りがあるので、一戸建てのローコスト住宅を、金利の低い変動金利型の住宅ローンを組んで購入しようと考えています」。

さてこの選択はどうでしょうか。

目先の予算だけを考えると、こうなることもわかります。現実的には仕方がないかもしれません。しかし、手に入れたローコスト住宅が、もし断熱性能や耐久性能の低いものであったとすると、月々の光熱費や先々のメンテナンス費などが多くかかって将来にわたって家計を圧迫するかもしれません。また、耐久性の低い家の場合は、ちょうど老後期を迎える30年後くらいに大規模なリフォームか建て替えをしないといけないくらい老朽化しているかもしれません。

また住宅ローンについては、変動金利は今でこそ金利が低いかもしれませんが、もし金利が上昇し始めるとそれに応じて支払いの負担も増えていきます。その金利上昇を想定してローン設計をしていればよいのですが……。

就学前の幼児を預かってくれる託児施設の費用は一般的に高いので、家計にとっては大きな負担です。時間に制限のある働き方しかできない奥様の収入にも限りがあるので、今はとても厳しいかもしれません。しかし、2~3年後にお子様が公立の小学校に入ると家計はぐっとラクになります。奥様の働く時間を増やして所得が増えるともっとラクになります。その後は住宅ローンを返しながら10数年後にやってくる教育期に備えていくことになります。

このご家族の場合、老後までの先々を見据えた時、もう少しだけ家に掛けるお金を増やしてでも、省メンテナンスで長く住むことができる、高耐久で月々の光熱費もあまりかからない高断熱な家も選択肢として検討してみてもいいと思います。また、ローンの金利タイプも長い期間返すことを考えると、金利の上昇がなく、家計の設計がしやすい固定金利も検討してみるとよいかもしれません。

事例2：50代半ばのご夫婦、お子様は間もなく大学を卒業し独立する家族の事例。

「ご夫婦共働きで世帯年収は９００万円台。大学４年生のお子様は半年後には就職で家を出ていきます。今の賃貸を出て、老後の住まいとして平屋の新築を検討中です。資金は老後にローンを抱えるのが嫌なので、手持ちの預金をすべて使い、全額自己資金で建てたいと考えています」。

さてこの選択はどうでしょうか。50代も半ばを過ぎますと老後を意識しはじめる方は多くいます。老後費を考えると家賃をずっと支払い続けるのは嫌なものです。このタイミングで平屋の新築を建てるというのは合理的な判断だと思います。ただ、老後といっても今が50代ですから、平均寿命から考えてもあと30年以上の生活設計をしておかないといけません。老後を見据えた時にできるだけバリアフリーで高断熱仕様の家に住むというのはいい考えですね。ただ、資金計画はもっと柔軟に考えてみてもよいかもしれません。いくらローンが嫌だと言っても、これからお金が必要な老後期を迎えるのに手持ちの預金をすべて使って家を建てるのはどうでしょうか。家計に手持ち現金がないという状況はかなり不安です。もし、あと10年以上は働くことができるのなら、現金は手元にある程度は置いておいて、残額は住宅ローンを借りることを検討してみてもいいと思います。

ローンが嫌いな方に理由を聞くと、「ローンは利息がもったいないから」という意見は割と多くあります。しかし今は大変な低金利です。試算をしてみればわかりますが、支払利息の金額はとても少なく家計からみれば負担はしれています。さらに今住宅ローンを組むと「住宅ローン減税」が使えます。所得があって所得税を支払っている方が住宅ローンを組むと、向こう10年にわたって住宅ローン残高の1%を上限として、支払った所得税が還付される税制です。例えば、年末時点のローン残高が3000万円であれば、最大で30万円の減税があります。もし住宅ローンの金利が

1%を切るくらいの水準でしたら、場合によっては支払う利息よりも戻ってくる還付金のほうが多くなるケースすらあります。もはやマイナス金利といってもいいでしょう。しかも住宅ローンには「団体信用生命保険（団信）」という保険がついています。ご主人に万が一のことがあった時には保険金が下ります。残されたご遺族が住宅ローンの支払いに追われることは無くなります。「団信」は万が一の時の奥様やお子様の支えになってくれます。しかも手元にはその後の暮らしを支える現金も残っています。もし手持ちの現金をすべて使って家を建ててしまった後にご主人に万が一のことがあったら当然現金はありません。ローンを組んでから10年が経過してローン減税が終わったタイミングで、どうしてもやはりローンは嫌だということなら、その時点で繰り上げ返済すればいいでしょう。

いつの時でも、さまざまなことに備えるためにも、手元にはある程度の現金は保有しておくべきです。このご家族の場合はローンを組んだとしても短期間で返済したいと考えるでしょうから、金利が低い変動タイプでもよいでしょう。金利が低い分早く元本返済が進みますから。

2つの事例はいかがだったでしょうか。マイホーム取得計画は無理をしてはいけませんが、逆に心配しすぎて縮こまってしまってもいけません。大事なのはその家族にとって適正であることです。家族が安心して幸せに暮らせるようにするためにも、ファイナンシャルプランニングを早めにやっておいたほうがよいのです。

住宅業界でファイナンシャルプランニングを実践するプロたちとは？

マイホームを取得するにあたり、ファイナンシャルプランニングがとても有効であるということはご理解いただけましたでしょうか。

しかし、繰り返しになりますが、一般的な住宅営業担当者は、家のプロであって決してお金のプロではありません。建物や土地の話は詳しくできても、お客様一人ひとりのファイナンシャルプランニングを組み立てることはできない担当者がほとんどです。「資金計画」といっても住宅の見積もりに合わせて住宅ローンの手続きをするだけです。

私たちは人生で最も高額な買い物であるマイホームを取得するタイミングこそファ

イナンシャルプランニングをやるべきだという考えから、ファイナンシャルプランニングの知識と経験を持ってお客様に対して家計の面でも安心させられるような情報を提供したいと考えている真面目な住宅営業担当者を教育・支援しています。

私たちは彼らのことを「住宅FPアドバイザー」と呼んでいます。住宅FPアドバイザーは、住宅のプロであることはもちろん、ファイナンシャルプランニングの知識も持っています。お金にまつわることについて十分な情報と経験を持っています。そして「お客様に無理をさせてはならない」という信条を持って親身な対応をしてくれます。

例えば、予算の話でも「今の年収でどれくらいまでローンを借りることができるか?」という年収基準でみた「目一杯の予算」だけではなく、「今と将来の家計から見た場合にどれくらいのローンなら無理なく完済することができるか?」という返済基準でみた「無理のない予算」も提示します。

ローン金利が1%変動したら、毎月の返済額はどれくらい変わるのか、支払総額はどれくらい変わるのか。変動金利と固定金利のそれぞれのメリットだけでなく、さまざまな視点からリスクも含めて伝えます。

賃貸と持ち家を比べる時に、生涯ずっと賃貸に住んだ場合の家賃の支払い総額がわかると、どれくらいの持ち家を買ったときの支払い総額と同じになるかを教えてくれます。

今家を建てた場合と、数年後に建てた場合で総支払額はどれくらい変わるのか、その総支払額に影響を与えるのは何か、といった試算は「いつ家を建てたらいいか」という住宅建築タイミングの重要性を気づかせてくれます。

そして、住宅ローンや教育費、老後のことまで考えた生涯にわたるライフプランシミュレーションも要望に応じて組み立てて、これからの三大支出の「見える化」までしてくれます。

住宅FPアドバイザーが大事にしていること

住宅FPアドバイザーは、FPのノウハウを身に付けた上で、まずは自分が「伝えたいこと」ではなく「お客様が知りたいこと」を丁寧に伝えることを行っています。

住宅FPアドバイザーは、「正しく予算の話をすればお客様から信頼してもらえる」ということを知っています。「売って終わり」、「後はどうなろうが知らない」、という売り込み営業のスタンスでは地域のお客様との信頼関係が長続きしないことも知っています。

住宅FPアドバイザーの信条は以下の3つです。

・中立的であること
・誘導しないこと
・判断基準を与えること

ファイナンシャルプランニングは、新築でも、中古でも、リフォームでも、マンションでも、戸建てでも、きっとあなたの役に立ちます。年収の少ない人も多い人も、ローンを使う人も現金で買う人も、すべての人にとって重要な判断材料を提供してくれることでしょう。

住宅FPアドバイザーは住宅のプロであることはもちろん、常にファイナンシャルプランニングに関する情報収集を行い、マイホーム打ち合わせのかなり早い段階でファイナンシャルプランニングを実施します。お客様の中には驚いて、「なぜ、こんなに会ったばかりの段階でお金の話なの？　どうして家計の中身まで見せないといけないの？」と思われる方もいらっしゃいます。

しかし、みなさんには知っておいていただきたいのです。マイホーム打ち合わせの最終段階で行う資金計画は、あくまで購入のための手続きであって、みなさんに安心をもたらすようなものではありません。

まずやるべきことはマイホーム取得に対しての不安を取り除くこと。そのためには家や土地を選ぶよりも前にファイナンシャルプランニングを行って将来を見通すことです。

みなさんがマイホームを取得する前に知っておかねばならないことは多いのです。ですから、安心してマイホームを取得するためにも、どうかよい住宅ＦＰアドバイザーと出会ってください。住宅ＦＰアドバイザーはみなさんの夢や願望、そして不安にも真摯に対応して、必ず力になってくれます。

それでは、このあと住宅ＦＰアドバイザーと出会って、安心で幸せなマイホームを取得することができた8つの事例をご紹介します。

第2章

安心で幸せなマイホームを手に入れた8つの家族のストーリー

取材・執筆／住宅ジャーナリスト・殿木真美子

ストーリー 1

「買うなら今！」は本当？
将来の資金計画まで考えて、納得の住宅購入

住宅を購入したAさんご家族は

家族構成
夫婦とも30代半ば、子ども5歳

収入
世帯年収400万円（夫：会社員）

それまでの住まい
夫の実家住まい

ご家族が抱える課題
自分たちの収入で家を買っても返済していけるのだろうか？

購入された住まい
新築一戸建て　2,500万円（土地面積203.34㎡　建物面積113.46㎡）

そろそろ実家から独立したい　でもこの年収で家が買えるの？

「今が買い時！」はよく使われるセールストークのひとつです。でも本当にそうなのか、疑問に思ったことはありませんか？　しかも、スーパーで食材を買ったり家電製品を買ったりするのならまだしも、それが一世一代の買い物である「家」だったら……。

Aさん夫婦はともに30代半ば。夫であるAさん

の実家に暮らしています。5歳になる子どもの小学校進学も見据え、自分たちの年齢からも、そろそろ実家から独立する時期だと考えていました。住宅の購入を検討するものの、会社員のご主人と専業主婦の妻の世帯年収は約400万円。この収入で家を買ったとしても、住宅ローンをきちんと返済していけるのかどうかとても不安に思っていました。

ローン返済が不安なら住宅価格を抑えることが一番。「新築は高い」ため、当初から中古を買うことしか念頭になく、希望する小学校の学区となるエリアを中心に中古住宅をいくつか見て回っていました。しかし、なかなか思うような物件がなく、友人の勧めで注文住宅を手がける㈱サンクリエーションの住宅見学会に参加してみたのです。

「いくらまで借りられる?」を基準にするのは危険
無理なく返済できる金額を把握

Aさん夫婦を担当したのは、三木町支店の支店長・本間隆弘さん。本間さんは、完成した新築住宅の見学会は今回が初めて、というAさん夫婦をご案内するうちに、「中古住宅しか見てこなかった」という話を耳にしました。自分たちの年収では新築は無理だと思っていること、住宅ローンの返済が心配なのだということをAさんから聞き、「では、よかったら一度ファイナンシャルプランのシミュレーションをしてみますか?」と声をかけたのです。

「接客の際はお客様の不安がどこにあるのか、きちんと聞き取らせていただくことをモットーにしています」と語る本間さんは、Aさんが不安に思っていることは何なのか、しっかりと聞くことから始めました。Aさんは、年収やローン返済の問題だけでなく「収入からどのくらいをローンに回せばいいのか」、「返済以外にどのような出費があるのか」など住宅購入に関してわからないことだらけ。そこで、本間さんはまず「ローン返済に回せる額」から考えることにしました。

住宅ローンを組むときに、よく「いくらまで借りられるのか」と質問をする方がいますが、これには金融機関が設けている「融資基準」が参考になります。融資の基準は収入に見合った負担総額となるよう、毎年の返済総額は年収のおよそ3割（年収400万円以下の場合）とされています。そこから返済年数や金利などを考慮して、融資総額を決めます。融資総額イコール「銀行から借りられる金額」です。

例えば、年収400万円のAさんの返済総額は年120万円となります。しかし、これはあくまでも「年収」で考えた最大の返済額です。実際に会社員として勤めている人なら年収と手取り額が違うことはよくご存じでしょう。社会保険費や税金などがおよそ2割程度引かれて、400万円の年収なら手取り額はだいたい300万円ほど、月に直すと25万円弱になります。また、家族によって子どもの数も、月々の生活費も違います。この手取り額で月10万円の返済は可能でしょうか。つまり、「銀行から借りられる金額」と「無理なく返済できる金額」は違うのです。

Aさん夫婦はこれまでに賃貸アパートを借りた経験がありました。その時の賃料は

7万円で無理なく返済できていたということ。本間さんは、手取り額や固定資産税などの維持費を考慮して、この7万円を毎月の返済額の目安とすることを提案しました。

購入のタイミングは「今」？グラフを見てびっくり&納得！

また、今買ったほうがいいのか、それとももう少し貯蓄を増やしてから買ったほうがいいのか、についてもシミュレーションをしてみることにしました。

一般的に、初めて住宅購入を考える「一次取得者層」は、賃貸アパートなどに暮らしながらマイホームの頭金を貯める人が多いと思います。しかし、本間さんによると実はこの方法が「損」をしている場合が非常に多いそうです。なぜなら、家賃よりも住宅ローン返済にかかる金利のほうがはるかに安いから。「ほとんどの場合、早くマイホームを取得したほうがお得になります。賃貸に住んで家賃を支払いながら頑張って頭金を貯めるのは、時間もお金も無駄にしている可能性が高いんです」と本間さんは言います。

図表1 今、購入する場合と将来、購入する場合の費用総額比較

条件

今、購入する場合		
現在の年齢は？	36	歳
購入物件価格は？	2,500	万円
現在の自己資金は？	100	万円
ローン返済期間は？	35	年
ローン金利は？	1.120	%

将来、購入する場合		
何年後に購入？	5	年後
その間の毎月積立金は？	5.0	万円／月
物件価格上昇率は？	0.00	%
将来購入時のローン金利は？	1.120	%
将来購入時の返済期間は？	35	年
購入までの毎月の家賃は？	3.0	万円／月

結果

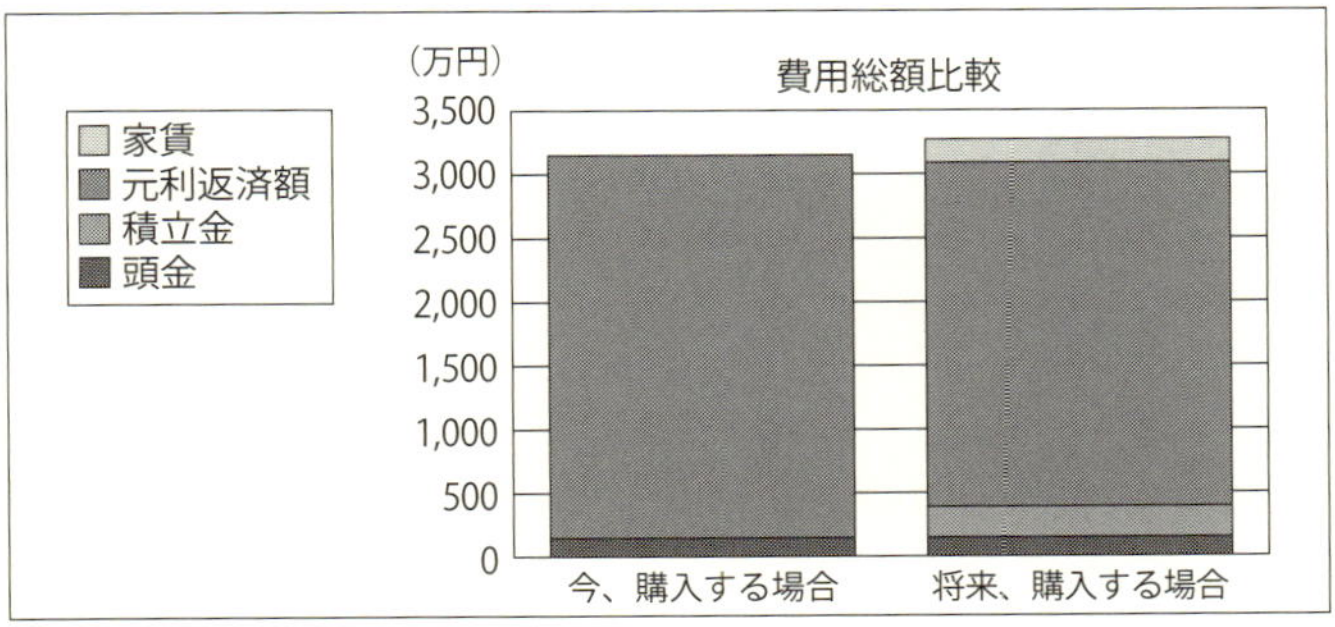

	今、購入する場合	将来、購入する場合
購入時自己資金	100万円	413万円
うち積立金額	ー万円	308万円
ローン返済額	3,029万円	2,645万円
家賃支払い額	ー万円	180万円
生活住居費総額	3,129万円	3,239万円
60歳時のローン残高額	895万円	1,107万円

生活住居費用総額は、今、購入するほうが110万円安くなります。

Aさんの場合は、現在実家住まいですが月3万円を実家に入れているため、念のためにその条件で今、購入する場合と、5年後に購入する場合とをシミュレーションしてみました。すると、もしも物件価格や金利が現状のままだと仮定してみても、今購入するほうが110万円もお得（図表1）。金利等が多少上がったとしてシミュレーションすると、住居費用総額でなんと数百万円も変わってくることがわかったのです。

これにはAさん夫婦もびっくり。「もっと頭金を貯めてからのほうがいいんだろうな」と漠然と考えていたのですが、住宅購入を先延ばしにすることでかえって毎月の返済が厳しくなるとは思ってもみませんでした。「今買ったほうがいい理由」がグラフで目に見えてわかったのです。

希望にピッタリの土地を手に入れ
ついに憧れのマイホーム取得へ！

Aさんは、「今、買うほうが自分たちの家計の上で得だ」ということ、そして自分たちが無理なく返済できる借入額の目安から「住宅購入の総額は2500万円まで」ということもわかり、これで一気に住宅購入が現実的になりました。すると、規格住宅であれば希望のエリアに新築の一戸建てが建てられることが判明します。希望エリアの土地を6件ほど見て回り、小学校の近さや駅までの距離、買い物のしやすさなど「自分たちにピッタリ」と思える土地が手に入りました。住宅の建築は、もちろんサンクリエーションで。「まだここで家を建てると決めていなかったのに、担当の本間さんが〝ここまでやってくれるの？〟というくらい親身になって話を聞いてくれて、とても安心しました。それに、サンクリエーションさんの評判は周りの人からも聞いていたし、建てている家を見て安心が信頼に変わったんです」とAさん。どことなく半信半疑だったマイホーム取得の夢が、現実になった瞬間でした。

一方、本間さんは、ローンの完済時期についても考えていました。住宅ローンの平均的な返済年数は35年。完済するころにはAさんは70歳を過ぎてしまうことになります。これでは老後が不安です。そこで本間さんは繰り上げ返済をすることを前提に返済スケジュールを立て、5年後と10年後にそれぞれ150万円ずつ繰り上げ返済する

図表2 繰り上げ返済のシミュレーション

条件

ローン1

借入総額は？ 2,400 万円
返済方法は？ 元利均等返済
返済期間は？ 35 年
借入金利は？ 固定 1.12 %

〈繰り上げ返済〉
5年後に 150万円
10年後に 150万円
期間短縮型

ローン2

借入総額は？ 2,400 万円
返済方法は？ 元利均等返済
返済期間は？ 35 年
借入金利は？ 固定 1.12 %

〈繰り上げ返済〉
なし

結果

	ローン1	ローン2
総返済額	28,069,566円	29,021,351円
返済期間	30年4ヵ月	35年0ヵ月

ローン1のほうが951,785円総支払額が少なくなり、
返済期間は4年8ヵ月短くなります。

▷ 残元金の推移

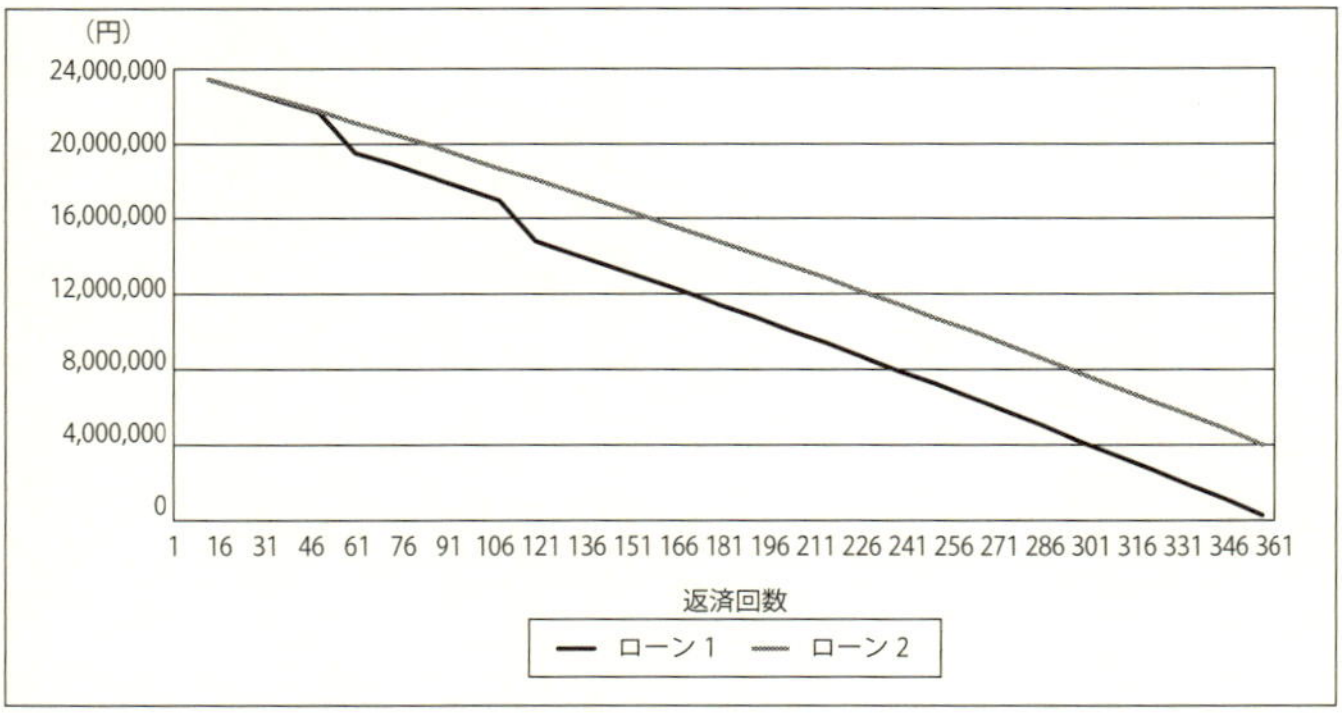

計画を提案しました。そうすると、Aさんが60歳を超えたときの残債は、500万円以下となり、返済がスムーズになるのではと考えたのです（図表2）。

しかし繰り上げ返済といっても、住宅ローンを返しながら、まとまったお金を捻出するのは簡単ではありません。本間さんは、この繰り上げ返済の原資を住宅ローン控除によって還付されるお金でまかなうことを考えました。しかし、少し金額が足りなかったため、家に太陽光発電を搭載することで、その売電による電気代の負担軽減分として月に1万円を繰り上げ返済に回すことに。月1万円程度なら無理しなくても

住宅購入のお手伝いをしたアドバイザーは

▶ **本間隆弘**さん

前職は賃貸の不動産会社で管理業務や収益物件の提案を行う。６年前に現在の（株）サンクリエーションに入社、住宅営業を経て現在は三木町支店支店長。

接客の信条

誠実であること

社名：（株）サンクリエーション
住所：和歌山県御坊市薗350-13
URL：http://www.3cri.com/
和歌山県和歌山市を中心に注文住宅、リノベーション、建築・店舗のプロデュース、土地の有効利用などを手がける建築設計事務所

貯蓄できそうです。ほかにも太陽光発電は思わぬ効果を生み、規格住宅でありながら省エネ仕様となったことで、より金利が低いフラット35Sの対象となりました。

「お客様には失敗してほしくない」と心から願うアドバイザーの苦い経験とは？

ところで、本間さんがローン完済の年齢にこだわるのには少しわけがあります。本間さんの両親が、今まさに70歳を過ぎて住宅ローンを返しきれず、ローン破産してしまったのです。

本間さんの両親は、40代のころマンションから戸建て住宅に買い替えをしました。当時は

「いくらでも貸してくれる」という時代で、少し無理をしたのかもしれません。70歳を過ぎた今、年金収入だけでは返済ができなくなり、本間さんの兄が手を差し伸べることで解決しましたが、本間さんの兄もまた、75歳までのローンを組むことになってしまったのです。「資産価値も大事だと思いますが、分不相応な家を建てて返済できなくなったら悲劇です。お客様にはこんな失敗は本当にしてほしくない」と語る本間さん。一人ひとりの顧客に寄り添い、問題点を一緒に解決していこう、という本間さんの姿勢は、ご自身の苦い思いから来ていたのでした。

本間さんはその後も、引き渡し後の補助金申請のお手伝いをしたり、住宅ローン控除の申請時期には連絡を入れたりと、Aさんとのお付き合いを続けています。「常に私たちのことを考えたうえで話を進めてくれて、とても信頼しています。引っ越しが済んだからそれで終わり、ではなく、本間さんには今もいろいろな相談に乗ってもらっているんですよ」とAさんは嬉しそうに話してくれました。

プロの視点

「今がお買い得ですよ」というセールストークは、あながち嘘とは言えません。例えば、超低金利の今、税制の優遇が終わってしまう前に、というのは確かにそのとおりです。さらに「今なら購入価格から○○万円値引きしますよ」とか「オプションをつけますよ」と言われたら、ついつい「これを逃すと損かも？」と思ってしまいがちです。しかし、「今」しか見ずに住宅を購入して、その後の資金計画に無理が生じるようでは、賢い買い物とは言えません。

Aさんの場合は、本間さんというプロのアドバイザーに出会ったことで、自分たちの「買い時は今」ということを具体的・長期的な数字を見て、納得することができました。納得して自分たちで判断し、将来の資金計画まで見据えながらマイホームを取得できた好例といえます。

ストーリー 2

手狭になった家で嫁と姑の関係が悪化！

資金計画の見直しで、家族みんなが幸せになれた家づくり

住宅を購入したBさんご家族は

家族構成
夫30歳、妻32歳、長女4歳、長男3歳

収入
世帯年収380万円（夫：会社員）

それまでの住まい
夫の両親とともに夫の実家住まい（敷地内に祖父母の家あり）

ご家族が抱える課題
妻と母の仲が悪化。実家を出て家を買っても大丈夫？

購入された住まい
新築一戸建て　1,900万円（土地約50坪　祖父の土地を賃借）

子どもが増えて家が手狭に気遣いすぎから嫁姑問題が勃発!?

Bさん夫婦は、夫であるBさんの両親と一緒に暮らしています。祖父所有の同敷地には祖父母の家もあり、一男一女の子宝にも恵まれ、家族で集まって暮らして幸せいっぱいのはずでしたが、元々2世帯用につくられた家ではなかったため部屋数が不足。狭い空間にお互い気遣いながら暮らすことで、少しずつBさんの妻と姑

であるBさんの母の関係が悪くなってきてしまいました。

4歳と3歳になる子どもたちは日々成長し、いつかはそれぞれの部屋が必要になります。実家を出て、少し離れた場所に土地を買い、家を建てたいという妻に、「家族を守るため」とBさんも住宅購入を真剣に考え始めます。Bさんの両親や祖父母は納得がいかない様子でしたが、仕方がありません。

しかし、ひとつ問題がありました。現在のBさんの年収が380万円と低いことです。2人の子どもの幼稚園にかかる費用も高額で、これからの教育費のことも考えると本当に家を建ててもいいのか迷いが生じます。ただ、今の住環境では自分も家族も幸せではない、と考えたBさんは、自分の年収でも買える土地と家を探すことに奔走しました。

少しでも安い土地、少しでも安い建物を、とたくさんの不動産会社やハウスメーカーを渡り歩いたBさん夫婦でしたが、物件を見れば見るほど「本当にこれでいいのか?」と不安ばかりが増していきます。誰を信じればいいのか、何を基準に判断すればいいのか……。完全に袋小路に迷い込んでしまったのです。

これまでBさん夫婦にいくつかの土地を紹介してきていた不動産会社が、不安を抱えたBさん夫婦に、ある会社を紹介してくれました。埼玉県を中心に木造注文住宅を販売している㈱リアルウッドという会社です。

予算を知り、戦略的に資金計画を立てるのが家づくりの第一歩

早速他社と同じようにプランを出してもらい、その内容と見積もりで比較をしようとしたBさんに、担当の仲見川みほさんは言いました。「プランや見積もりの比較ではよい家づくりはできないんですよ」。それ以外に家づくりの基準になるものを知らなかったBさん夫婦は驚いてしまいました。

「家づくりの第一歩は、住宅予算の正しい考え方を理解すること」だと言う仲見川さん。予算を無視して家を建てれば、いつか破たんが生じて家族が不幸になってしまいます。みんなが幸せになるために家を建てるのに、それでは本末転倒です。

マイホームにかかるお金は、見積もり金額に書かれているものだけでなく、住宅ローンや土地購入にかかわる諸経費、税金、付帯工事など多岐にわたります。年齢、家族構成、教育費などのライフスタイルや考え方は家族それぞれで違うため、その家族にピッタリ合ったライフプランとともに予算を立てる必要がある、というのが仲見川さんの意見です。

「とにかく安い家を買うこと」にとらわれてしまっていたBさん。仲見川さんの言葉にハッとします。Bさん夫婦の予算に合わせてシミュレーションをしてくれるというので、早速お願いしてみました。

まずは、モデルケースとして適当な数値を設定し、通常どおりローンを組んで返済した場合と、現在利用できる減税措置などを使いながらしっかりと早期返済計画を組んで返済した場合とで、返済総額を比較してみました。結果は一目瞭然で、後者のほうが100万円単位でお得になったのです。ちょっとした工夫やしっかりとした返済計画で、これだけ差が出るとは知らなかったBさん夫婦。仲見川さんの言うとおり、「住宅購入にはお金の戦略が重要」なのだと思い知り、目からウロコが落ちました。

目からウロコのシミュレーション 将来のライフプランまでグラフで見える化

Bさん夫婦は、リアルウッドをたずねる前に他社からもプランと見積もりを出してもらっていました。それらの見積額は確かに低めでしたが、土地からの購入であるため、比較的審査基準の緩いフラット35の融資限度額ギリギリである3200万円を総予算の基準にしていました。Bさんの世帯年収は380万円。仲見川さんは、3200万円の借入を前提とする資金計画に無理があるのではないか？　と感じました。

試しに、住宅ローン・シミュレーションで融資限度額と安全に返せる額を出してみることにしました。他社からの提案どおりにフラット35で総額3200万円の住宅ローンを借りたとすると、毎月の返済は9万5000円になります。また、夫の年収から年金や税金を差し引いた可処分所得を算出すると、毎月約25万円でした。そうなると、住宅ローンの支出だけで月収の約40％を占めることになる、と仲見川さんが話すのを聞いて、Bさん夫婦は驚きました。そんな話は他社で聞いたことがなかったからです。

「380万円というのはあくまで額面の年収で、所得税や社会保険も含まれているので全額自由に使えるということではないのです。月々の生活費やこれからかかるお子様の教育費を考えると、月9万5000円の返済は無理のある金額なのではないでしょうか」と仲見川さんは言いました。

次に、それなら実際にどのくらいの返済額に抑えればいいのかを考えてみました。するると、仮に審査基準の厳しい銀行から借りた場合、限度額ギリギリで2400万円。これをフラット35の場合と比べると、月々の返済額で2万4000円、総返済額では約1000万円の差額が出てしまう結果となったのです（図表1）。「人生で使えるお金に、これだけ大きな差が出るものなんだ……」。Bさん夫婦は、具体的な数字を見たことで実感が湧き、同時に安全に住宅ローンを返済するには、土地からの住宅購入自体に無理がありそうなことがわかりました。

Bさんの実家の敷地に祖父が所有する畑があると聞いた仲見川さんは「実家から離

図表1 借入額と返済額のシミュレーション

条件

ローン1		
借入総額は？	3,200	万円
返済方法は？	元利均等返済	
返済期間は？	35	年
借入金利は？	固定 1.3	%

ローン2		
借入総額は？	2,400	万円
返済方法は？	元利均等返済	
返済期間は？	35	年
借入金利は？	固定 1.3	%

結果

	ローン1	ローン2
総返済額	39,846,971円	29,885,214円
通常月の返済額	94,874円	71,155円

ローン1のほうが9,961,757円総支払額が多く
月の返済額は23,719円多くなります。

れたところに家を建てたいという奥様の気持ちもよくわかりますが、今無理をすれば住宅ローンに追われ、返済するのが精一杯になってしまいます。子どもさんたちの教育資金や突然の出費に備えるためにも、無理のない返済額で住宅ローンを組むことを前提とするなら、お爺さまの土地を借りて家を建ててはいかがでしょう」と提案しました。

シミュレーションでは、自分たちの将来の預金額まで見える化されていてとてもわかりやすく、おぼろげながら自分たちのライフプランも見えてきました。プランと見積もりの比較に明け暮れていた

Bさん夫婦は、自分たちの間違った考えが浮き彫りになったような気持ちになり、無理のない返済計画を立てることが重要なのだと気づきます。「少ない予算で家を買いたいから安い家を」ではなく、「自分たちの予算で買える家を」建てることに、ここで大きくシフトチェンジをするのです。

一緒に実家へ出向いて説明してくれたことで両親も祖父母も住宅購入に納得！

しかし、Bさん夫婦の問題はこれで完全に解決したわけではありませんでした。そもそも実家を出ていきたいと考えたきっかけである、妻とBさんの母との関係が修復されたわけではなかったからです。Bさんの両親はもちろん、土地の所有者であるBさんの祖父母がBさん夫婦のマイホーム取得計画に難色を示しているのも問題でした。

そこで仲見川さんは、Bさん夫婦と一緒に実家に出向くことにしたのです。作成したシミュレーションシートと同じものを、両親用と祖父母用に2部ずつ用意。仲見川

住宅購入のお手伝いをしたアドバイザーは

▶ **仲見川みほさん**

医療機器メーカーにて企画立案、営業管理職を経て、建築営業に転職。当初、大型の土地を持つ方に対してアパートやマンションを企画提案し販売していたが、人に喜ばれる戸建てを販売したいと考えるようになり、いつもたくさんのお客様が楽しそうに出入りしているリアルウッドに入社。現在８年目。

接客の信条

お客様に「何の心配もなく　何の不安もなく　本当に笑顔で」家づくりをして欲しいだけです。私は喜んで、その応援を心から真剣にしています。だから嘘は言わない。できることはできる、できないことはできないとハッキリとお伝えしています。

社名：（株）リアルウッド
住所：埼玉県草加市長栄1-837-２
URL: https://www.realwood.co.jp
お客様の家づくりに対し、スタッフ、職人が真剣に取り組んでいる会社です。創業40年、施工エリアは埼玉県草加市、東京都・千葉県の一部、茨城県全域で累計約4,000棟の引き渡し実績があります。

さんはこれまでBさん夫婦に話したことを集まってもらったみなさんに丁寧に説明しました。

すると、「今は家を建てるのにこんなに細かく提案してくれるんだ」と一同が感心。返済計画にも無理がないと両親も納得してくれ、何より慎重な性格の祖父が「この会社は信用できる会社だ。ここで建てるなら間違いない」と太鼓判を押してくれました。「実は……」と親御さんが言うには、新築計画に反対していたのには、息子さんの年収を考えると、土地からの住宅購入ではローンが払いきれないのではないかという心配もあったということでした。Bさんの祖父の土地は、定年後野菜づくりをしていた大切な畑だったのですが、孫の家づくりを応援する気持ちになってくれた祖父が思い切って宅地に転用、借地として提供してくれました。

念願のマイホームを建てたBさん。新しい家でBさんの子どもたちはのびのびと遊び、妻の心にもゆとりが生まれました。関係がよくなかった妻とBさんの母も、完全な独立とはいかず同じ敷地内での生活となりましたが、お互いプライベートな空間ができたことでかえって距離が縮まったそうです。

「不安に感じていたことや、判断ができずに悩んでいたことをすべてクリアしてくれた人は、仲見川さんをおいてほかにいなかった」とBさん。「この会社に依頼すれば、自分たちが幸せになると思いました」と語ります。今では家族4人、そして実家の祖父母や両親まで、みんなが幸せになれました。

プロの視点

マイホームの取得を考えるとき、どこに建てるか、どんな家にしたいか、どのメーカーで建てようか……といったことばかりに目が向いてしまうもの。それはそれでよくわかるのですが、住宅購入の際にまずやらなければいけないのは、「予算を組むこと」です。予算によっては、立地だけでなくメーカーや工法などに制限が出る可能性があるからです。

ひと言で「予算」といっても、世帯年収からざっくりととらえる人もいれば、銀行の融資限度額から考える人もいるでしょう。しかし、銀行の融資限度額は年収から算出するもので、保険や年金などを引いた手取り金額（可処分所得）のことは考えられていません。予算ギリギリいっぱいまでお金を借りると、後のライフイベントの変化によっては住宅ローンが破たんし、家を手放さざるを得なくなる人も本当にいるのです。

Bさん夫婦の場合、最初の段階で予算に対する適切なアドバイスが受けられ、柔軟に軌道修正したことが、幸せなマイホーム取得につながったといえます。

ストーリー 3

住んでからの光熱費に注目！

収入合算で高性能住宅を手に入れる

住宅を購入したCさんご家族は

家族構成
夫26歳、妻28歳、子ども0歳、妻側の両親（ともに60代）

収入
夫415万円（勤続7年）、義父300万円以上、義母（パート収入）

それまでの住まい
夫婦・両親世帯がそれぞれ賃貸アパート住まい、同じ町内で借りていた

ご家族が抱える課題
駐車場が4台分とれる土地！　希望する条件と予算が合わない？

購入された住まい
土地50坪1,556万円、建物約2,100万円、諸経費・外構含め総額およそ4,000万円

出産を機に両親と同居を検討でも資金は大丈夫？

Cさん夫婦は、2人とも車が大好き。Cさんの愛車は少し無理して買った外車で、週末には車をきれいに洗車したり整備したりするのを楽しみにする毎日でした。しかし、妻の妊娠がわかり、それを機に生活スタイルを見直すことにしたのです。

ともにまだ20代と若いCさん夫婦は、現

在賃貸アパート住まい。今のアパートでは子どもが生まれたら部屋数が足りなくなってしまうこと、家賃を高く感じていたこともあり、家を購入しようかと考えるようになりました。子どもは2人はほしいから子ども部屋を2つと、Cさんと妻がそれぞれ所有する車が2台置けるカースペースもあったらいいな……。少しずつマイホームへの夢が膨らみます。

妻は、出産後には子どもを保育園に預けて働きに出るつもりでした。資金については、まだ2人とも若いし、がんばって2人で働けば何とか家が買えるのではないか、そう考えたのです。しかし、妻にとっては初めての子育てで、不安もあります。近くに妻の両親が住んでいたため、子育てを手伝ってもらうことも念頭に入れていました。

妻の両親は、Cさん夫婦と同じ町の賃貸アパートに住み、父は仕事を、母はパートを続けていました。2世帯で家賃を払い続けるのももったいない話です。それならいっそ、妻の両親と一緒に家づくりをしたらどうか、とCさん夫婦は考えました。

ただし、それには課題がありました。2世帯住宅なら部屋数も自分たちだけで住む以上に必要でしょうし、Cさん夫婦も妻の両親もそれぞれ1人1台ずつ車を所有しているため、車が4台置けるスペースが必要です。子どもの将来のことも考えれば、校区を絞って土地選びをしたほうがいいでしょう。よい立地に4台分の駐車場付きの2世帯住宅。これが自分たちの資金で建てられるのか、不安が残ります。さらに、Cさん夫婦には自動車ローンの残債があるうえ、手持ち資金はほとんどなかったのです。

Cさん夫婦は、ハウスメーカーやモデルハウスを見学したり、住宅ローン相談会に足を運んだり、本を買って勉強したりして、マイホーム取得のために動き始めました。いろいろと知識を得たうえで、自分たちの年収だと予算は約3000万円と目星をつけ、ローコストで建てられるハウスメーカーを中心に話を聞いてみたり、インターネットから地元の工務店に問い合わせをしてみたりもしました。その中のひとつが太陽住宅㈱だったのです。

まずしっかりした資金計画を立てることが重要 夫と母の収入合算で予算をアップ！

太陽住宅は、「資産性の高い家づくり」をモットーに、高断熱住宅やパッシブデザインなどを採り入れた家づくりに定評のある会社です。ただ、Cさん夫婦を担当した内藤稔さんは、家づくりには何よりもまず資金計画が重要、という思いを持っていました。それには、内藤さん自身が経験したふたつの話があったのです。

内藤さんの所へ売却相談で来店されたお客様の話。大手ハウスメーカーでがんばって家を建てたものの、体調を崩して収入が減ってしまい、住宅ローンの支払いが困難になって、やむなく手放すことにしたとのことでした。もうひとつは、内藤さんが入社した当時に担当したお客様の話。年収が高く家計にもゆとりがあったものの予算をかなり絞って資金計画を組んでしまい、いくつかの希望を断念して家を建築。定期点検で新居に伺った時「もう少し予算を見ておけばよかった」と残念そうに言っていたのは、内藤さんの記憶から消えないといいます。「お金は借りすぎても抑えすぎてもいけない。一生に一度の大きな買い物をするお客様に満足してもらうためには、まず資金計画をきちんと立てることが大事なんだ」と思い至った内藤さん。Cさん夫婦にもそれを話して納得してもらい、資金の話から始めることにしました。

Cさん夫婦の言う3000万円という予算は、年収から計算してなんとなく決めたものだということ、また同居予定の両親は2人とも仕事をしていることなどを聞き、希望するエリア・広さなどから収入合算で住宅ローンを組むことを提案します。

2つの世帯は手持ち資金がほとんどないものの、夫と父は仕事をしていて、母にもパート収入があります。また、同居をすれば親世帯は家賃が浮くため、その分を家に入れるつもりでした。親世帯の家賃分を考えれば返済可能額は大きく上がります。その金額を金融機関から借り入れるために、収入合算をすれば予算は4000万円になると提案したのです（図表1）。

しかし、ここでもひとつ問題が発生しました。夫と父の収入合算で審査を申請したのですが、実はCさんの父には過去の借入で返済事故の履歴があり、個人信用情報の審査で引っかかってしまったのです。そこで、Cさんとパートで働くCさんの母の収

図表1 借入可能額のシミュレーション

条件

税込み年収は？	415	万円
年収に対する借入限度額は？	35	%
借入金利（査定金利）は？	2.475	%
ローン返済期間は？	35	年
収入合算する額は？	90	万円

結果

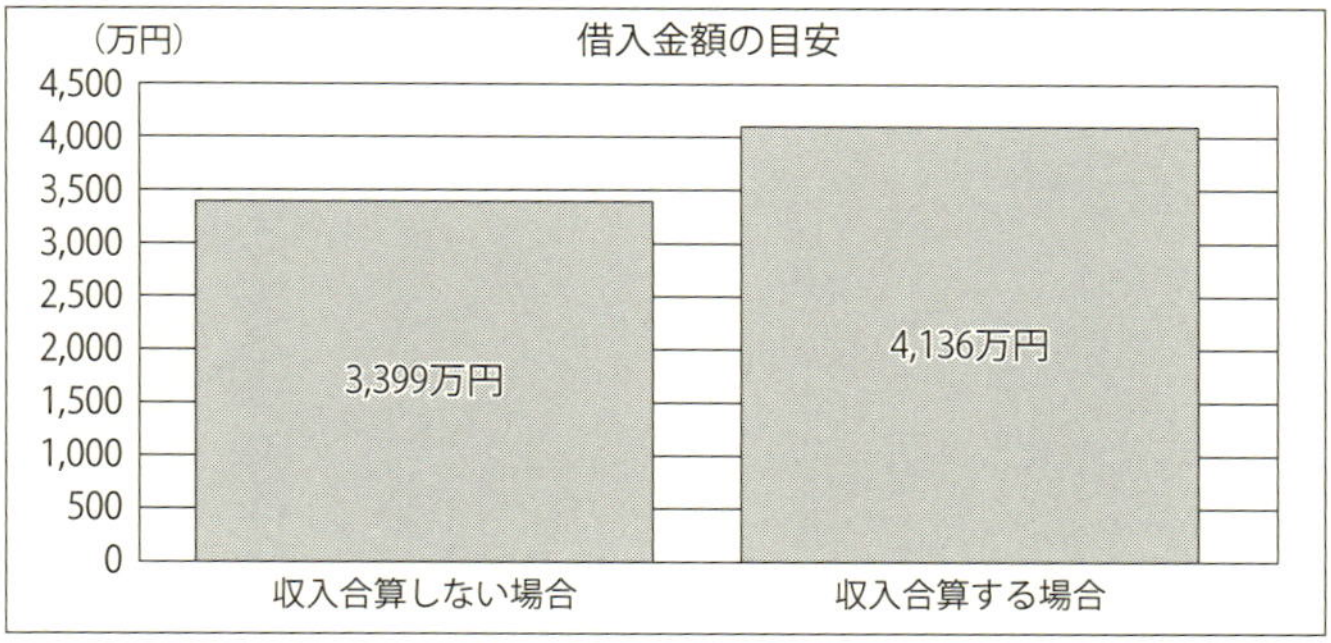

入を合算して再度試みると、無事事前承認を得ることができました。

ローン返済もランニングコストのひとつ光熱費と合わせて考えれば、答えは高性能住宅に

しかし、予算が1000万円増えたということは、返済額も増えるということ。Cさん夫婦に不安はなかったのでしょうか。

実は返済額が増えることへの不安も内藤さんからのもうひとつの提案で、すでに解消されていました。内藤さんの勧める太陽住宅は、高断熱の家をつくる会社。そこで、家を建てた後の光熱費に注目し、全く同じ間取りだった場合で、高性能住宅と耐熱基準の低い昔の建物との光熱費の差をシミュレーションしてみました。すると、耐熱性能が上がるだけで光熱費に年間20万円、月1万6500円もの差が出ることがわかったのです。1年で20万円なので、35年で700万円近くも高性能住宅のほうが光熱費を抑えられます（図表2）。さらに、高性能住宅を新築すると、「地域型グリーン化事業」で100万円の補助金、また減税などの優遇制度が受けられたり、住宅ロー

図表2 性能による光熱費の比較シミュレーション

水道・光熱費（円／年間）

■提案住宅【オール電化】

水道費 45,670円 ｜ 光熱費 177,950円　合計223,620円

■次世代省エネ基準仕様【オール電化】

水道費 45,670円 ｜ 光熱費 224,400円　合計270,070円

省エネ等級４（平成11年基準）大手ハウスメーカー等の仕様
断熱材高性能グラスウール　開口部樹脂複合サッシ
遮熱Low-e ペアガラス

年差額46,460円×35年＝1,626,100円

■新省エネ基準仕様【ガス・電気併用】

水道費 69,350円 ｜ 光熱費 352,410円

省エネ等級３（平成３年基準）ローコスト系パワービルダー建売等の仕様
断熱材住宅用グラスウール　開口部アルミッシ　ペアガラス

合計421,760円

年差額198,150円×35年＝6,935,250円

ンの金利が低くなったりする場合もあるのです。

毎月のローン返済も光熱費もランニングコストのひとつ。もし建築コストを抑えて住宅の性能を落としても、光熱費を月1万5000円余分に払うのならば、結果として毎月の総支出が増えることもあります。光熱費を同時に考えることで、予算を上げてもCさんの毎月の支払額を抑えるというのが、内藤さんの提案なのです。

また、Cさんが26歳とまだ若いので、繰り上げ返済の方法についても返済額軽減型でシミュレーション。繰り上げ返済の原資には、住宅ローン控除によって戻ってきた

お金を充てることにしました。これには、大いに納得したCさん夫婦。4000万円の予算でも、何とか返済の目途が立ちそうです。内藤さんは「ご心配であれば別のメーカーさんと比べてみてから決めてはいかがでしょうか」という提案もつけ加えました。

母の病気でキャンセルになりかけ？ アドバイザーの言葉で家族の絆に気づく

予算が4000万円に膨らんだこともあって、Cさん夫婦は以前に回った別のハウスメーカーにも再び話をしてみることにしました。3000万円の予算の時にはあまり親身になって話を聞いてくれなかった会社でしたが、予算を4000万円まで伸ばせることを伝えると態度が変わりました。さらに、太陽住宅にも当たっていると話をすると「地元の工務店なんかに任せてできるんですか……」と太陽住宅を蔑んだように言われてしまい、Cさん夫婦はカチンときました。太陽住宅では予算が低かった段階でもあれだけ親身に資金計画を一緒に考えてくれ、「よければ別のメーカーさんも

住宅購入のお手伝いをしたアドバイザーは

▶ **内藤　稔さん**

営業一筋（商品先物、太陽光発電の営業を経て、友人の紹介で住宅業界に入り４年目を迎える）。

接客の信条

ほとんどのお客様が初めてで、一生に一度のマイホーム。年収の何倍もの借入をして、35年のローンを組む対象として真剣に相談に来てくれています。その想いに恥ずかしくないくらいの準備と誠意を持って対応させていただくこと。

社名：太陽住宅（株）
住所：愛知県豊橋市三本木町字元三本木18－５
URL：http://www.taiyo-jutaku.co.jp
地元豊橋・豊川を中心に建築・不動産仲介・リフォームなど住まいのトータルアドバイザーとして40年以上の歴史を持つ。

当たってみてから決めては」とまで勧めてくれた内藤さんまでも悪く言われたようで、いい気持ちがしなかったのです。その時すでにCさん夫婦は、それだけ内藤さんへの信頼が厚くなっていたのです。それ以降「内藤さんのところ以外では商談は聞きません！」と太陽住宅での建築を決め、太陽光発電システムも搭載した高性能住宅を建てることになりました。

しかし、Cさん夫婦の場合、ここで「めでたし、めでたし」とはならなかったのです。希望の立地に土地も見つかり、土地契約をした後に、何とパートで働く母にがんが見つかってしまいました。みんなすっかり意気消沈してしまい、また母のパート収入がなくても返済できるのか不安になって、キャンセルすべきか内藤さんに相談しました。

内藤さんは、キャンセルも当然アリだとしながら、Cさんの問題を一緒に考えました。もしもお母様が働けなくなっても賃貸だと家賃が一生かかり続けること、お母様の看病が必要になった時に同居していると何かと安心だということ、今キャンセルしたとして数年後にまた計画する際にロスするお金があることなどを調べて話してくれました。「一生で一番大きな買い物ともいわれる家を買うことは、不安も大きいとは思いますが、ちゃんと安心もあるんですよ」という内藤さんの言葉に、Cさん夫婦はハッとしました。「今がんばって家を建てて、一緒に暮らしながら家族として支え合っていこう」と前向きにとらえ直すことができたのです。

幸い母のがんは早期発見が奏功し、手術をして2週間で退院。今はとても元気になり、家族全員新しい家で仲良く暮らしているそうです。

プロの視点

マイホームを取得する時、どうしても目の前の購入費用（イニシャルコスト）にばかり目が行ってしまいがちです。しかし、家を買ってからかかるランニングコストのことを忘れてはいけません。

この事例の場合は、高性能住宅を建てることで毎月の光熱費を削り、その分を初期費用に組み込むことで予算を上げる、という逆転の発想がポイントでした。高性能住宅は、確かに初期費用は高いかもしれませんが、その後の光熱費が削減できるだけでなく、補助金や税金の控除なども期待でき、なにより丈夫で長持ち、日々の出費を抑えながら快適に暮らせます。選択肢のひとつとして考えるときは、光熱費がどれくらい下がるのかもよく考えてみましょう。

また、予算を上げる方法として収入合算が紹介されていましたが、どちらかが働けなくなるなどで返済が厳しくなったというケースは多いものです。収入合算をして予算を上げる場合は、しっかりした返済計画を立てることをお勧めします。

ストーリー 4

家がほしい妻と消極的な夫

夫婦の温度差を埋めてマイホーム購入へ突き進む!

住宅を購入したDさんご家族は

家族構成
夫40歳、妻35歳、子ども2歳

収入
世帯年収450万円(夫は勤続10年、妻は専業主婦)、自己資金300万円

それまでの住まい
賃貸アパート(家賃6万円、家賃補助が下りて3万円になる)

ご家族が抱える課題
家を建てたいけれど、夫が本気になってくれない

購入された住まい
新築一戸建て　住宅価格約2,850万円(岩手県紫波町　36坪4LDK、土地価格約1,700万円)

狭くて寒い賃貸アパート マイホームを持ちたい妻は……

Dさん夫婦は、数年前に結婚。子どもも2歳になり、幸せな日々を送っていました。しかし、ただひとつだけ夫婦の意見が食い違うものがありました。それはマイホームの取得についてでした。

Dさん一家が住むのは賃貸アパート。2人が結婚をする前から夫のDさんが一人暮らしをし

ていたところに妻が移り住み、さらに子どもが生まれて3人家族になったのです。2人でも狭いくらいだったアパートは、家族が3人になったことで一気に住みづらくなりました。さらに築年数が経っているアパートのため、冬はすき間風が入って寒いのも難点でした。

普段、子どもと一緒に家にいることが多い専業主婦の妻は、賃貸アパートの住みづらさに辟易していました。収納が少なすぎる、もっと使い勝手のいいキッチンがほしい、水回りのお手入れがしやすいつくりだと便利なのに、家事動線が考えられていたらなおいいな、庭があれば子どもが遊べて最高……。妻の夢は膨らむばかりで、ハウスメーカーや工務店の展示場とモデルルームを回る日々。しかし、Dさんはなかなかその気になりませんでした。

年金でローンを払うことへの不安……妻と子どもの幸せのために

Dさんが住宅購入に二の足を踏んでいたのにもわけがありました。まず、会社から家賃補助が出ていること。家賃の半額が補助になるので、月6万円の家賃が3万円になるのにはかなり助けられていました。しかし、もしも持ち家を建てたら家賃補助はなくなります。それに、住宅ローンを組むとなると今よりもずっと多くのランニングコストがかかるのは目に見えていました。

土地を持っているわけでもないので、土地プラス建物ではかなりの金額になるでしょうし、自己資金が300万円ありましたが、それを使ってしまっていいのかどうかもわからず不安に思っていました。そのうえ、Dさんは40歳。35年ものローンを組むとなると、完済するのは75歳となり、年金をあてにしてその歳までローンを払い続けることができるのか、心配でした。妻がこれだけ望んでいるマイホーム、子どものためにも持ち家がいいことは理屈ではよくわかりますが住宅購入に対してDさんは不安だらけの状態だったのです。

そんな時に転機が訪れました。いつものように家にいたDさんの妻は、手にしたフリーペーパーを見て、岩手県で3000棟の引き渡し実績がある㈱日盛ハウジングのパルコホームにひとりで相談に行ってみることにしたのです。

データをもとに客観的にシミュレーション 夫の隠れた思いが浮き彫りに……

Dさんの妻を迎えたのは、パルコホーム花巻支店の支店長、及川拓哉さんでした。及川さんは、家づくりのプロであると同時に住宅ローンアドバイザー、住宅FPマスター1級などの資格を持ち、住宅関連のお金に対して知識がありました。

Dさんの妻の話をよく聞き、及川さんはまず簡単にいくつかシミュレーションをしてみせ、次回、特に不安の大きかった夫のDさんと一緒に、客観的に資金計算をしてみることを提案します。そんな提案を受けたことのなかったDさんの妻は、次回Dさんと一緒にまた及川さんのもとを訪ねました。

Dさん夫婦を前にした及川さん。まずは、賃貸と持ち家の生涯の住居コストを試算してみると、今後家賃が上がったとしても賃貸の場合の総住居費のほうが579万円安くなるという結果に（図表1）。Dさんはやはりそうだろうという反応でした。しかし、これにはさらに続きがあり、及川さんはもしも夫のDさんに万が一のことがあった場合もシミュレーションしました。

住宅ローンを組む場合、特に民間の金融機関の多くは団体信用生命保険（以下、団信）に加入することが条件となっています。団信とは、住宅ローンの返済途中に一家の大黒柱にもしものことがあった場合、生命保険会社が代わりにローンを支払うもので、残された家族にとってはとてもありがたい保険です。

団信のシミュレーションをした後で、Dさんがポツリとつぶやきました。

「実は……、自分の年のことは前から気になっていたんですよね……」

Dさんは現在40歳。子どもはまだ小さく、自分にもしものことがあったら残された家族はどうなるのか、ということがずっと気になっていたのです。

また、今住宅を購入した場合と5年後に購入した場合とで比較してみました。物件価格の上昇なし、金利上昇もなく、家賃補助で浮いた分の月3万円を積み立てたとして考えます。すると、家賃が実質3万円しかかかっていないのにもかかわらず、今購入したほうが住宅にかかる費用の総額が108万円も安くなることがわかりました

図表1 賃貸と持ち家、住居費比較シミュレーション

条件

ずっと賃貸生活の場合

年齢区分	家賃月額
40歳～48歳	3.0 万円／月
49歳～60歳	4.0 万円／月
61歳以降	6.0 万円／月

持ち家購入の場合

物件価格は？	2,500 万円
頭金は？	0 万円
ローン返済期間は？	35 年
ローン金利は？	0.700 %
固定資産税・維持費は？	10 万円／年
もし、借入本人に万が一（死亡・高度障害）の事があったら？	0 年後

結果

※持ち家の場合の資産価値は計上されておりません

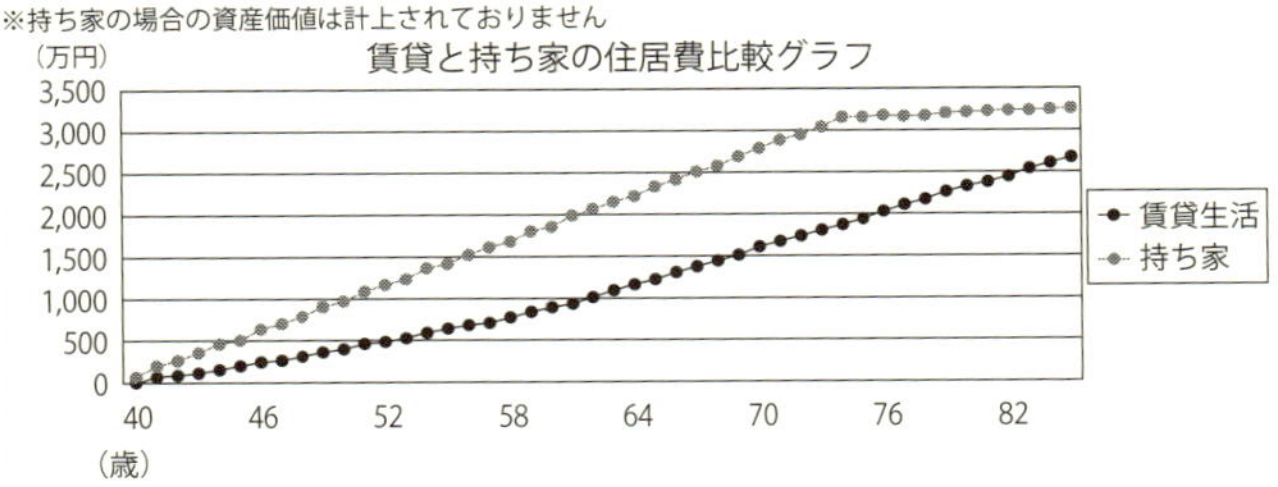

賃貸の場合

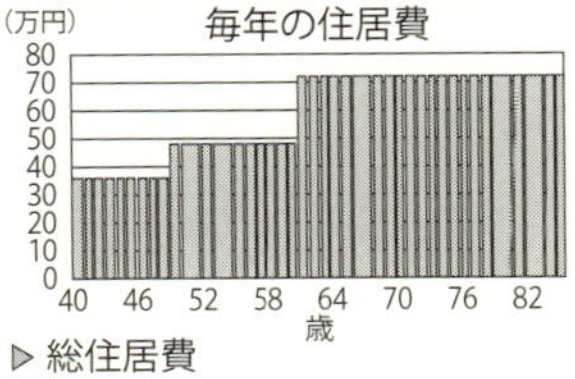

▷ 総住居費

2,700万円

持ち家の場合

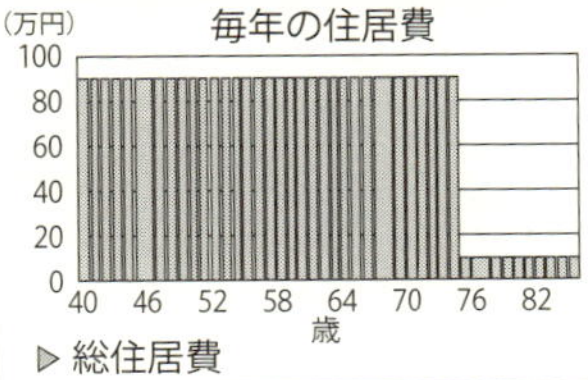

▷ 総住居費

3,279万円

生涯（85歳までとして）の総住居費は持ち家のほうが賃貸より579万円高くなります。

図表2 今、購入する場合と将来、購入する場合の費用総額比較

条件

今、購入する場合		
現在の年齢は？	40	歳
購入物件価格は？	2,500	万円
現在の自己資金は？	0	万円
ローン返済期間は？	35	年
ローン金利は？	0.700	%

将来、購入する場合		
何年後に購入？	5	年後
その間の毎月積立金は？	3.0	万円／月
物件価格上昇率は？	0.00	%
将来購入時のローン金利は？	0.700	%
将来購入時の返済期間は？	30	年
購入までの毎月の家賃は？	3.0	万円／月

結果

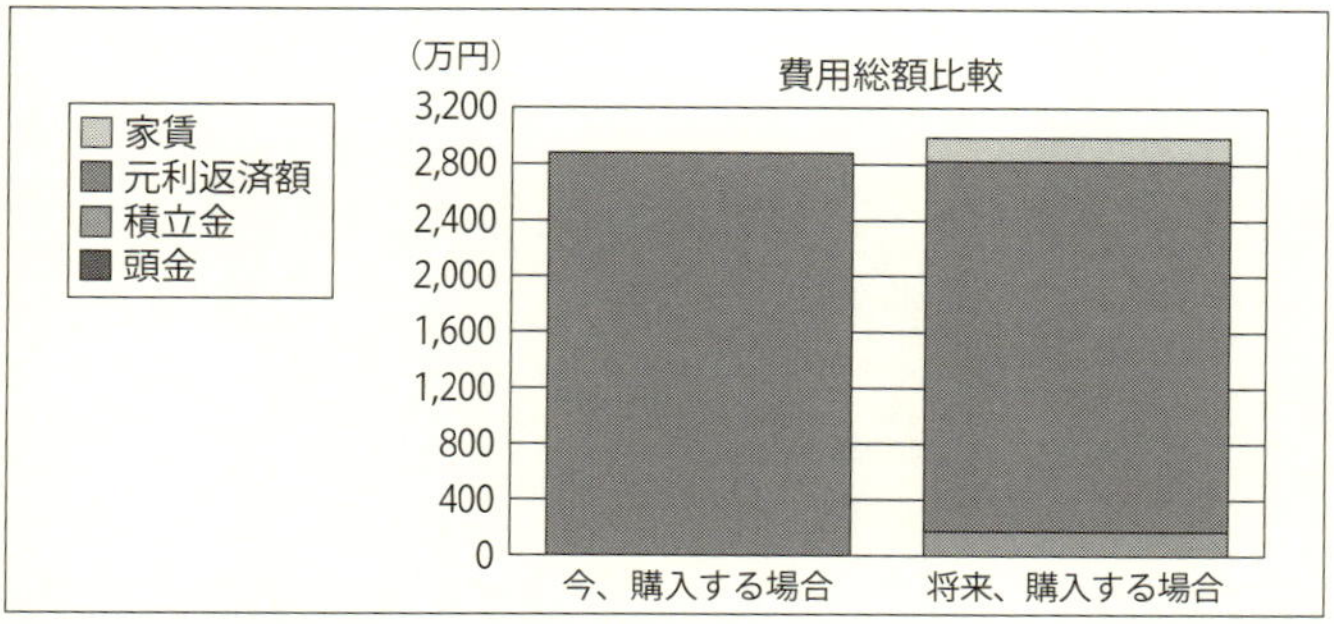

	今、購入する場合	将来、購入する場合
購入時自己資金	0万円	185万円
うち積立金額	－万円	185万円
ローン返済額	2,939万円	2,682万円
家賃支払い額	－万円	180万円
生活住居費総額	2,939万円	3,047万円
60歳時のローン残高額	1,195万円	1,273万円

生活住居費総額は、今、購入するほうが108万円安くなります。

（図表2）。その結果を見てDさんは、マイホームを取得するのなら、年齢を考えてもいつまでも先送りにできるものではない、ということには納得したようでした。

アドバイザーの言葉に納得！夫の家づくりに対する思いが変わった

考え込んでしまったDさんに、及川さんは聞きました。

「Dさんは何のために家づくりをするのですか？」

〝妻と子どものため〟と答えたDさんに、及川さんは伝えます。住宅ローンを組むことで、Dさんに万が一のことがあった時、妻と子どもにローンを残さなくていいこと。仮に子どもが18歳で家を出て行ったとして、子どもと一緒に家に住める期間には限りがあること……。

さらに、及川さんは団信の説明だけでなく、住宅ローン減税や年金がいくらもらえるのかの試算など、次々にシミュレーションしたり、国のデータを見て説明したりしました。Dさんは実際の数字を見ることで、家族の将来について具体的にイメージができるように。すると、もしも5年後に家を買っても総住居費が高くなるだけ、そのうえローンの完済は80歳になると考えると、買い時は今だ、ということもよくわかりました。何より「子どもと一緒に住める時期には限りがある」という及川さんの言葉がすんなりと腑に落ちて、Dさんはマイホーム購入を決意したのです。

自己資金を入れる？　早期返済するには？シミュレーションですべて解決！

そうと決まれば、後は土地探しです。建物に関しては、「お人柄の良さと、主人が家づくりをする気にさせてくれたこと。及川さんに全幅の信頼を置いていたので、他社は見ませんでした」と話すDさんの妻。土地紹介もパルコホームでお願いし、希望エリアから気に入った土地を選びました。

ただ、ひとつだけ問題がありました。その土地は予算オーバーだったのです。月々のローン返済額から総予算を２５００万円と決めていたDさん夫婦。しかし、その土地を手に入れて建物を建てたら、予算が約２８５０万円に膨らんでしまいます。それでも、家づくりに対する気持ちが強くなり、またその土地がすっかり気に入ってしまったDさん夫婦。手持ちの資金300万円を使ったらどうなるのか、及川さんにシミュレーションを頼みました。

及川さんは、早速300万円の手持ち資金を頭金にして2550万円を借り入れた場合と、2850万円のほぼ全額を借り入れた場合とで数値を入れ込み、比較してみました。すると、300万円の頭金を積んだ時のほうが、総支払額が約370万円少なくなるという結果に。これにはDさん夫婦もびっくり。万が一の時のために取っておいたほうがいいのでは、と思っていた自己資金ですが、頭金にすれば300万円以上の価値が出ることがわかって、迷わず投入することに決めました。

また、年金をあてにして75歳まで住宅ローンを払うことに不安を感じていたDさん。その点についても、及川さんは考えました。子どもの教育費がかからないうちに住宅ローン控除なども利用してお金を貯め、3年後、6年後、10年後の3回にそれぞれ繰り上げ返済をすることを提案しました。

住宅ローンの返済中にまとまった金額を臨時で返済する繰り上げ返済には、返済期間を短縮する期間短縮型と月々の返済額を少なくする返済額軽減型の2種類があり、どちらかを選ぶことができます。Dさんの場合は、なるべく早く完済するために月々の返済額はそのままに返済期間を短くする期間短縮型を選びました。

どのくらい繰り上げ返済すればどれだけ期間が短縮できるのか、総支払額がどれだけ減るのか、いくつか数字を入れ替えてシミュレーションしたことで、繰り上げ返済の効果が実感できました。Dさんは「お金が貯められるうちに繰り上げ返済をして、なるべく早めに完済すればいい」と考えるようになったそうです。

もっと早く建てればよかった！マイホームでの生活を満喫

「子どもが新しい家の中を走り回ったり、妻がお友達を気軽に呼べたり。今は〝家を買って本当によかったなぁ〟と思っています」とDさん。何より妻と子どもが家の中でのびのび過ごす様子を見て、幸せを実感しています。これまであまりしたことのなかったバーベキューや庭づくりも楽しみのひとつになりました。「もう少し早く家

住宅購入のお手伝いをしたアドバイザーは

▶ **及川拓哉**さん

平成20年４月（株）日盛ハウジング入社。入社５年で支店長となり、現在パルコホーム花巻支店の支店長を務める。

接客の信条

一生に一度の家づくりを楽しんでいただきたい。また家づくりを通して家族の皆様が今まで以上に幸せな暮らしをしていただきたいと考えております。

社名：（株）日盛ハウジング
住所：岩手県盛岡市北飯岡１－１－82
URL：http://www.palcohome.com/
岩手県を中心に地域に密着した家づくりを目指しております。「自分の子どもたちに誇れない家を建ててはならない！」がモットーです。

を建てていればもっとよかったな（笑）」と、新しいマイホームでの生活を満喫しています。

「家づくりの知識が全くない私たちに、及川さんが一から丁寧に教えてくれました。自分たちの家づくりを考える時期は今が最適なんだと気づかせてくれたことが自分にとってはとても大きかった。このままずるずると先延ばしにしていたら大変なことになるところでしたね」と笑うＤさん夫婦。適切なアドバイスのもとでマイホームを購入し、安心と幸せを手に入れました。

プロの視点

マイホームに対して、夫と妻に温度差があるというのはよくある話です。特に夫が会社員、妻が専業主婦という家庭ならなおさら。日中は仕事に出かけ家には寝に帰るだけ、という夫と、一日のほとんどを家の中で過ごし、家事を負担する妻との間では、家の快適さに対する意識が全く違うのも当たり前です。また、「生活費を稼ぐ」役割を担っている夫にとっては、人生で最も大きな買い物ともいわれ、毎月のローン返済が生じるマイホーム取得は、よほどの確信がないと一歩踏み出せないというのもよくわかります。

こういう場合は、夫がマイホーム取得を決断できる程の客観的なデータが必要です。夫の年収から、いくら住宅ローンを借りれば無理なく返せるのか、いくら頭金を出せばいいのか、補助金や控除などはどうなるのか……。まず「購入したい家ありき」ではなく、資金計画から始めることで、生活費を担う夫としても大きく納得できるはずです。ライフプランを見直すことで、「節約して毎月〇〇円貯金しよう」と妻が具体的に考えることができるのも、データの効用かもしれません。

ストーリー 5

親子ローンを組んでいたらマイホームは無理!?

一発逆転で諦めていた夢が現実に!

住宅を購入したEさんご家族は

家族構成
夫、妻（ともに30代半ば）、1歳半の子供

収入
世帯年収700万円（共働き、妻は育児休暇が明けてまもない）

それまでの住まい
賃貸住宅（家賃6万円）

ご家族が抱える課題
親子ローンの残債があっても家が建てられるのか？

購入された住まい
新築一戸建て　住宅価格約2,500万円（三重県伊勢市　土地面積約330.91m²、建築面積約91.09m²、延床面積約118.41m²）

夫が組んだ親子ローンでマイホームを断念？

Eさんの妻は小さなころから心に決めていたことがありました。それは「自分の家を建てること」。結婚をし、家族をつくってマイホームを建てる。庭付きの一戸建てで、大きなキッチンに広々としたリビング……。しかし、妻はそれをすっかり諦めていました。なぜなら、Eさんに住宅ローンの残債があった

からです。

9年ほど前、まだEさんが独身だったころに両親が実家を購入。借入金額や返済年数の関係から、Eさんの父親とEさんとの親子ローンで住宅ローンを組みました。

親子ローンとは、親と子の2人で返済する住宅ローンです。親と子で一緒に返済をしていくペアローンと、親が一定の年齢になった後、子がそのローンを引き継ぐリレーローンの2種類があります。Eさんが借りていたのは親子リレーローンでした。

リレーローンには、申込者が高齢であっても住宅ローンが組める、借入期間や借入金額を増やすことができる、などのメリットがある半面、子が「融資対象となる住宅に同居している」もしくは、「将来同居を予定している」ということが条件となっています。あくまでも「同居」を前提としているローンであるため、Eさんが「自分の家を持ちたい」と思っても、親子リレーローン返済期間中に、新しく住宅ローンを組むことが基本的にはできないのです。Eさんの妻が「自分たちの家を建てる」ことを諦めていた理由はここにありました。

「本当に諦めるしかないのか?」最後の望みをかけて資金相談会へ

5年前に結婚したEさん夫婦。「家族だけの時間を持ちたい」と、結婚を機にEさんは実家を出て、職場に近い町でアパートでの夫婦生活を始めました。その後、子宝にも恵まれましたが、1LDKのアパートでは狭くなってきました。住宅ローンが組めないため家を買うことは難しく、夫の実家に戻ることを考えたEさん夫婦。しかし、そのころ、実家には姉夫婦が両親と同居を始めていました。さすがに3世帯で暮らすには狭く、また実家はEさん夫婦の職場から遠いうえ、子どもの保育所のことなどを考えると、実家に戻ることもできそうにありません。

アパートは狭い、家は買えない、実家にも戻れないとなって、Eさん夫婦は困ってしまいました。住宅雑誌を開いては閉じ、開いては閉じ、「自分たちに家は買えないんだから希望を持ってはいけない」と言い聞かせる日々……。思い悩んでいた夫婦のもとに、1枚のチラシが舞い込みます。それは、㈱ビーディホームの「資金計画相談会」のチラシでした。

実は、Eさん夫婦は2年ほど前に、注文住宅などを扱うビーディホームの完成見学会に行ったことがありました。そのときの印象がとてもよかったことを2人は覚えていました。何度か案内をもらっていて気にはなっていたものの、「どうせダメだろう……」と思って行ったことがなかった資金相談会。「本当に自分たちの家を建てることを諦めるしかないのか、最後に資金相談に行って話を聞いてみよう」。この2人の決断が、その後の運命を大きく変えることになるのです。

「無理だ」と思わずにあらゆる手段を模索 メリット・デメリットを理解したうえで意思決定

不安でいっぱいのEさん夫婦を迎えたのは、ビーディホームの中西憲司さん。中西さんは、まず夫婦の話をじっくり「聞く」ことから始めました。家族の住宅事情、ローンのこと。すべてを聞いた後でも、中西さんは「それは無理です」とは言いませんでした。

最大の難関の親子リレーローンについては、「借り換え」を提案しました。通常の連帯債務者（収入合算者）として、住宅ローンを新たに組み直すことで何とかなる、と中西さんは考えたのです。また、金利が高い時代に組んでいた住宅ローンであったので、借り換えメリットも大いにあることがわかりました。この借り換えによって、Eさんは「将来同居しなければならない」状態ではなくなり、自分の家のローンが組めることになったのです。

『『無理だ』と言われると思ったのですが、中西さんは違いました」と話すEさん夫婦。「自分たちでも融資が受けられるかもしれないと聞いて、まずは驚くばかりでした」と当時を振り返ります。そこさえクリアすれば、あとは資金面の相談です。いくら借りていくらの家を買えばいいのか、中西さんは早速その具体的なシミュレーションに入りました。

まずは、今建てるか、3年後に建てるかをシミュレーションしてみました。すると、もしも金利上昇なし、物件の価格変動もなしの状況で、毎月10万円を積み立てたとしても、今建築するほうが109万円も安くなる、という結果が出ました（図表1）。にわかに信じられないという様子のEさん夫婦。中西さんは次に、Eさんの両親が若かった頃の昔の金利に置きかえてシミュレーションしてみせました。すると、今度は、頭金を積み立てずに建築すると82万円も損をすることになってしまいます（図表2）。よく家を買う時に両親に相談すると「もう少し頭金を貯めてからのほうがいい」と言われるのは、親御さん世代の金利の感覚が残っているからで、当時なら頭金をじっくり貯めてから建てるという方法で正解でした。しかし、今は超低金利時代なので家賃を払い続けながら頭金を貯めるよりは同額で住宅ローンを組んで購入するほうが家計的に得、という結果になることが多いのです。

中西さんは、別の視点からもEさんの判断材料になるものを確認するため、ずっと賃貸に住んだ場合とマイホームを取得する場合とでシミュレーションしてみると、総額では賃貸のほうが374万円安くなるという結果に（図表3）。中西さんは賃貸のメリット（生活拠点を自由に変更しやすい、災害などがあっても家賃の負担だけで済む等）とデメリット（住居費を支払い続けても家も土地も残せない、万が一のことが

図表1 今、購入する場合と将来、購入する場合の費用総額比較

条件

今、購入する場合

現在の年齢は？	34	歳
購入物件価格は？	3,500	万円
現在の自己資金は？	600	万円
ローン返済期間は？	35	年
ローン金利は？	1.300	%

将来、購入する場合

何年後に購入？	3	年後
その間の毎月積立金は？	10.0	万円／月
物件価格上昇率は？	0.00	%
将来購入時のローン金利は？	1.300	%
将来購入時の返済期間は？	35	年
購入までの毎月の家賃は？	5.8	万円／月

結果

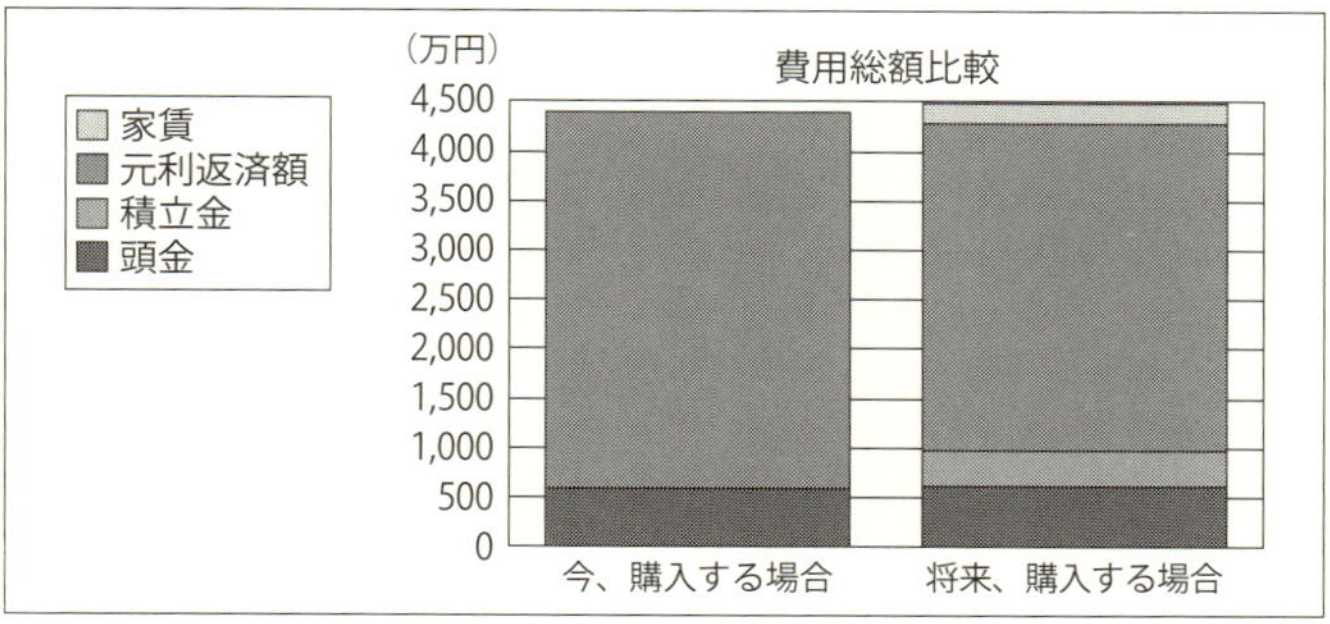

	今、購入する場合	将来、購入する場合
購入時自己資金	600万円	985万円
うち積立金額	ー万円	366万円
ローン返済額	3,787万円	3,302万円
家賃支払い額	ー万円	209万円
生活住居費総額	4,387万円	4,496万円
65歳時のローン残高額	421万円	631万円

生活住居費総額は、今、購入するほうが109万円安くなります。

図表2 今、購入する場合と将来、購入する場合の費用総額比較（ローン金利が高い場合）

条件

今、購入する場合		
現在の年齢は？	34	歳
購入物件価格は？	3,500	万円
現在の自己資金は？	600	万円
ローン返済期間は？	35	年
ローン金利は？	3.500	%

将来、購入する場合		
何年後に購入？	3	年後
その間の毎月積立金は？	10.0	万円／月
物件価格上昇率は？	0.00	%
将来購入時のローン金利は？	3.500	%
将来購入時の返済期間は？	35	年
購入までの毎月の家賃は？	5.8	万円／月

結果

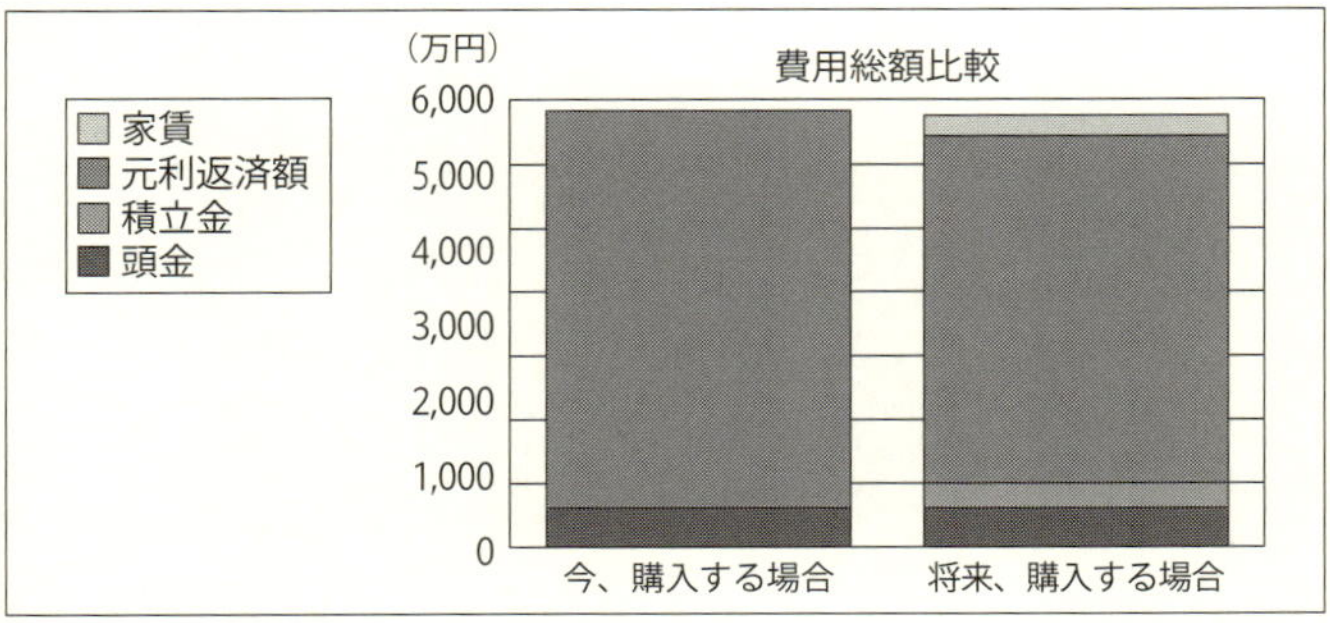

	今、購入する場合	将来、購入する場合
購入時自己資金	600万円	985万円
うち積立金額	ー万円	366万円
ローン返済額	5,279万円	4,603万円
家賃支払い額	ー万円	209万円
生活住居費総額	5,879万円	5,797万円
65歳時のローン残高額	562万円	815万円

生活住居費総額は、今、購入するほうが82万円高くなります。

図表3 賃貸と持ち家、住居費比較シミュレーション

条件

ずっと賃貸生活の場合

年齢区分	家賃月額
34歳～40歳	5.8 ／月
41歳～55歳	7.5 ／月
56歳以降	7.0 ／月

持ち家購入の場合

物件価格は？	3,500 万円
頭金は？	600 万円
ローン返済期間は？	35 年
ローン金利は？	1.300 %
固定資産税・維持費は？	10 万円／年
もし、借入本人に万が一（死亡・高度障害）の事があったら？	0 年後

結果

※持ち家の場合の資産価値は計上されておりません

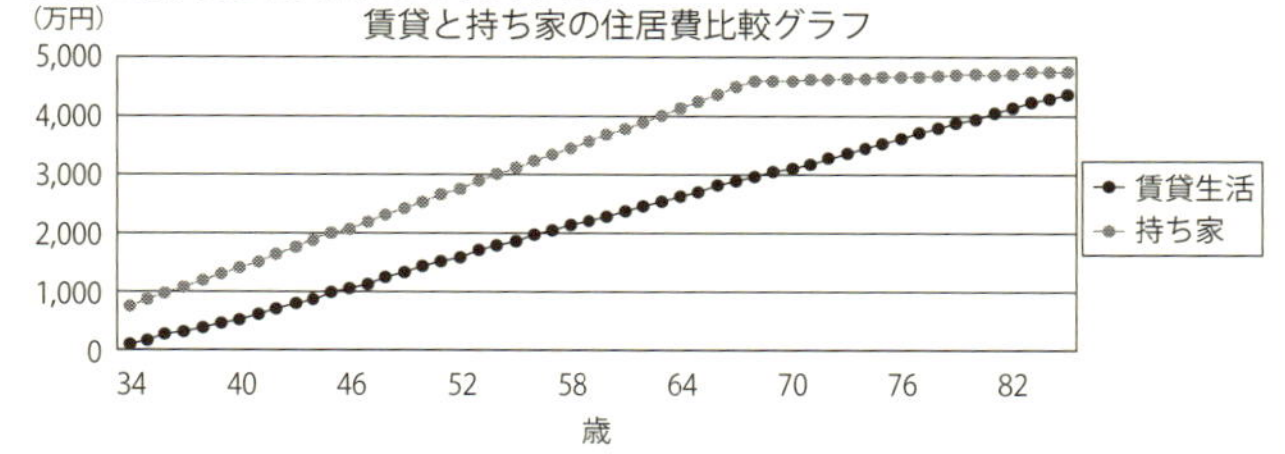

賃貸の場合

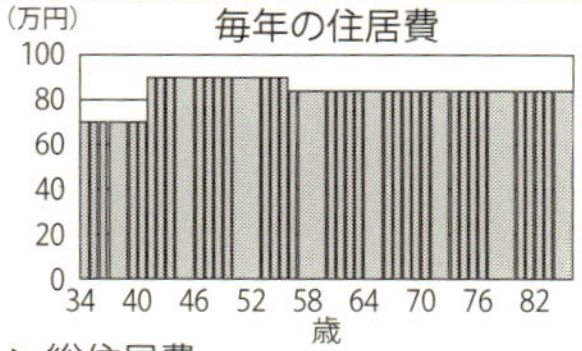

▷ 総住居費

4,357万円

持ち家の場合

▷ 総住居費

4,731万円

生涯（85歳までとして）の総住居費は持ち家のほうが賃貸より374万円高くなります。

あっても家賃は発生する等）、持ち家のメリット（家と土地が残る、団体信用生命保険によって万が一の時に家族に資産を残せる等）とデメリット（災害などがあった場合のリスク等）をそれぞれ伝え、「賃貸と持ち家、どちらにもいい点悪い点がある。それらを理解したうえで選択しているのならばどちらでも正解だと思いますよ」と伝えました。

実は、このことは中西さんが仕事をするうえでのポリシーでもあります。「難しい業界用語はわかりやすくかみ砕いて伝える」、「あらゆる選択肢を提示する」。中西さんが接客する時に気をつけていることです。最も大事なのは「お客様ご自身が自分でわかって選べる状態になること」。そのうえで「お客様ご自身が選んだことならそれは正解」だと中西さんは言います。

「こんなに難しい状況なのに、淡々とさまざまなシミュレーションをしてくれ、客観的に状況を整理してもらいました。もしかしたら……と希望が見えてきたんです」とEさんの妻。家を建てることが夢だったEさん夫婦は、賃貸と持ち家の比較も理解したうえで、ローン審査が通ればぜひ家を建てたい、と考えるようになりました。

住宅購入のお手伝いをしたアドバイザーは

▶ **中西憲司さん**

大学を卒業して15年間、三重県の給食会社に勤務。37歳の時に、Bdhome へ転職して、現在３年目を迎えている。Bdhome との出会いは、もともと10年前に家を新築していただいた、お客様だった頃からの付き合いとなる。

接客の信条

業界用語を徹底的にわかりやすく、丁寧にお伝えすることを大事にしています。こちらから答えを導き出すのではなく、あらゆる選択肢とそれを選択することによるメリット、デメリットをきちんとお伝えし、お客様ご自身が、「自分でわかって選べる」という状態になっていただくことが大切だと考えて接客しています。

社名：（株）ビーディホーム
住所：三重県伊勢市中島１－６－４
URL：http://www.bdhome-style.com/

三重県伊勢市を中心に、「注文住宅」「商品住宅」をはじめ、「リノベーション」や「家具販売」など、ライフスタイル全般のお手伝いをしています。また全棟毎年点検や、２カ月に１度ぐらいのペースで開催しているOB様イベントも充実していて、「建ててからの本気のお付き合い」に、真剣に向き合い取り組んでいる会社です。

戦略を練って通った事前審査 同じ時期にピッタリの土地も見つかる！

中西さんは、土地や建物にかかる費用以外の諸費用を含めた総予算金額についてもシミュレーションしました。家を建てる際には、将来を見据えた資金計画を立てることがとても重要です。まして、Eさんの場合は親の住宅ローンの連帯債務者となるので、いずれ支払いが生じ

るだろうことを念頭に入れ、それでも無理なく返せる総予算額を算出しました。そこから逆算して土地価格の目安を提示。土地の予算がはっきりしたことで、Eさん夫婦は早速土地探しを始めることができました。

「勝手に判断して『どうせダメだろう』と諦めていた気持ちが、資金相談に行ったその日から180度変わりました。自分たちの家を建てることができるかもしれない！　とわかったことで、希望にあふれる日々が始まったんです」とうれしそうに話すEさん夫婦。長年の妻の夢に光が差してきました。

そうと決まれば、あとは中西さんの出番です。どうすれば住宅ローン審査の承認が下りるのか、中西さんはさまざまな戦略を練って申請書を提出。Eさんは、長い道のりだった事前審査にとうとう通ったのです。そしてほぼ同時期に、Eさん夫婦は予算内でよい土地を見つけることができました。このタイミングは、もはや運命！

Eさん夫婦は、すでにビーディホームとほか1社に建築プランの相談をしていました。全く同じ条件で要望を出していたのですが、「ビーディホームさんのプランは、私たちの想像以上のものでした。子どもの遊ぶ姿、自分たちの明るい未来が想像できるような設計だったんです」とEさん夫婦。見学会で見たビーディホームの家がとてもおしゃれだったので、自分たちに手の届く家ではないと思っていたのですが、予算的に問題のないこと、何といっても中西さんに絶大な信頼を置いていたことから、ビーディホームでの建築を決意しました。

「家を買えるとわかってから完成するまでの1年間は、本当に夢のような日々でした」と語るEさん夫婦。入居した今でも、中西さんとは連絡を取り合い、住み心地や資金の相談などを定期的にしているそうです。すっかり諦めていた夢のマイホーム。

資金繰りの目途がついたことで、ずっと諦めていた夢を手に入れたEさん夫婦の幸せな事例です。

プロの視点

文中でも説明したように、親子ローンはペアローン、リレーローンともに「同居すること」が条件となってくるため、親子ローンを組んだ人はたとえ現在返済をしていなくても、「自分の家のために新しく住宅ローンを組む」ということが基本的にはできません。ですから、金融機関に相談に行ったとしてもまず断られてしまうでしょう。

どうしても住宅ローンを組みたい場合は、今回のように「借り換え」などの戦略が必要になりますが、ローン戦略に長けた人というのはなかなかいるものではありません。Eさん夫婦の場合、2人が共働きで、世帯年収がある程度あったことも成功のポイントですが、住宅ローンに関する幅広い知識を持った住宅FPアドバイザーに相談できたことが大きかったと思います。

ストーリー 6

個人事業主でも住宅ローンを組めるのか？

戦略的な資金計画で、無理なくマイホームをゲット！

住宅を購入したFさんご家族は

家族構成
夫35歳、妻27歳、長男1歳

収入
夫：職人（大工）、27年度年収420万円、28年度年収460万円

それまでの住まい
賃貸住宅（家賃・共益費・駐車場込みで月4.7万円）

ご家族が抱える課題
先の見えない賃貸ではなくマイホームを持ちたいが、個人事業主でも住宅ローンが組めるのか？

購入された住まい
中古住宅（松山市内、築22年）4LDK（中2階つき）1,250万円

夫の仕事は大工 個人事業主は住宅ローンを組みにくいって本当？

Fさん夫婦は賃貸住宅住まい。長男も1歳になり、先の見えない賃貸ではなく、そろそろマイホームを持ちたいと考えるようになりました。しかし、2人には不安に思っていることがあったのです。夫の職業は大工。つまり個人事業主です。知り合いから「個人事業

主は住宅ローンが組みにくい」と聞いたことがあり、本当にマイホームが持てるのか半信半疑でした。

住宅購入を焦っていたわけではないものの、漠然と不安を感じていたFさん夫婦。スマートフォンで不動産情報をチェックしていても、自分たちにどんな物件がいいのか、予算はどのくらいが適切なのか、全くピンときません。そんな時、家族で買い物に出かけた百貨店で「住宅購入の相談会」と書かれたチラシを受け取り、寄ってみることにしました。

相談会を開催していたのは㈱日本エイジェント。松山市を中心に賃貸、売買、賃貸管理などを取り扱っている不動産会社です。百貨店の中に構えた店舗で、定期的に不動産の相談会を開催しています。Fさん夫婦を出迎えたのは、担当の松浦秀明さん。この偶然の出会いが、Fさん一家のマイホーム取得に大きな影響を与えるのです。

「元気に働き続けられること」が大前提の個人事業主 住宅ローンが保険にもなる!?

松浦さんはFさん夫婦の話を聞き、まずは予算について一緒に考えてみることにしました。大工という仕事柄、Fさんの年収は毎年同じ金額ではありません。27年度は420万円、28年度は少し増えて460万円、しかし次の年はいくらになるかはっきりとわからない、というのが個人事業主の年収です。試しに28年度の収入460万円で計算してみると、借入限度額は3246万円でした。

しかし、年収に増減がある個人事業主の場合、銀行等が3200万円を融資してくれるかは甚だ疑問です。また、Fさん夫婦にとってみても、それが実際に返済できるのかといわれると、ずいぶん不安の残る金額だと言わざるを得ません。

そこで、松浦さんはFさん夫婦が返済できそうな額で考えることにしました。Fさん一家が現在住んでいる賃貸住宅は、家賃が4万7000円。これは毎月無理なく支払えているということで、4万7000円を基準にして計算すると、借入額は最大で

1600万円でした（図表1）。それならば、新築ではなく中古住宅が視野に入ります。幸い夫は大工なので、自分の手で少しずつ改装すればいいのでは……と、ここで何となくマイホームの姿が見えてきました。

次に、松浦さんはFさんがこのまま賃貸住宅に住みながら貯蓄をして頭金を貯めてから買うのがいいのか、今すぐに買うのがいいのかのシミュレーションをしました。すると、今買ったほうが得をするという試算に。この時点で松浦さんがFさんに質問をします。

「会社員だったら60歳で定年ですが、Fさんはおいくつまで働けるとお考えですか？」

Fさんの父も現役大工で現在65歳。自分も少なくとも65歳までは働けるとFさんは信じていました。しかし、この先何があるかは誰にもわかりません。会社員ならさまざまな保険や、病気休業中に収入を保障する「傷病手当金」制度がありますが、個人事業主には保障はないのです。「個人事業主の場合〝元気に働き続けられたとして〟が大前提であることが、会社員とは少し違うんですよ」と松浦さんは言います。住宅

図表1 借入予算のシミュレーション

条件

いくらまで借りられるか

税込み年収は？	460	万円
家族の収入合算可能額は？	0	万円
年収に対する借入限度率は？	35	%
借入金利（査定金利）は？	3.500	%

いくらまでなら返済できるか

毎月無理なく返済できる額は？	4.7	万円
ボーナスでの返済可能額は？	0.0	万円
借入金利は？	1.100	%

共通項目

ローン返済期間	35	年

結果

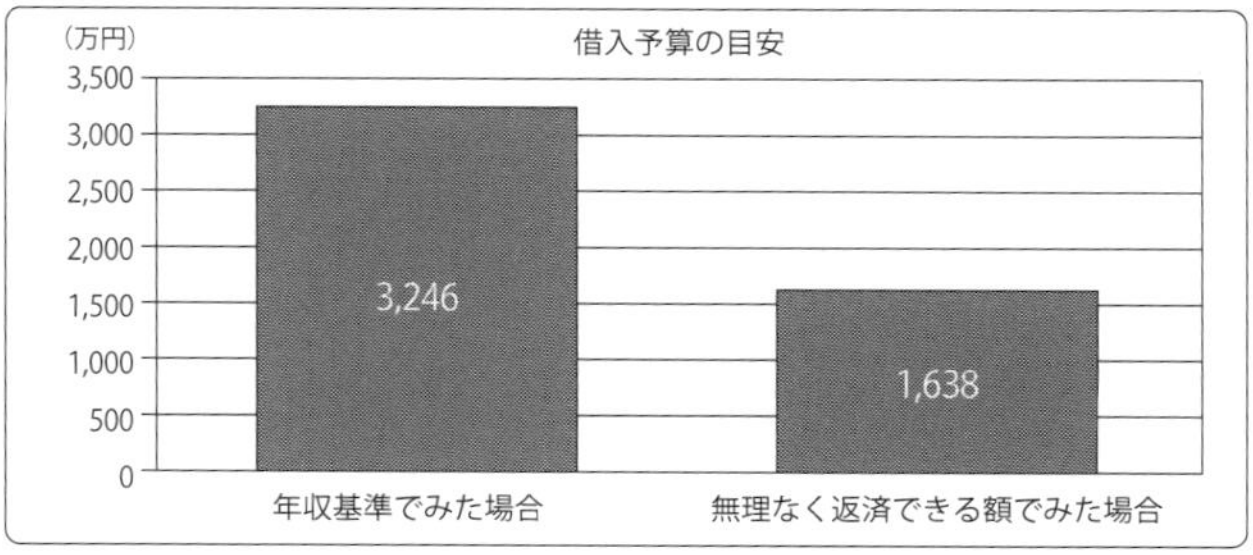

ちなみに、物件の諸経費を5.0%、頭金50万円を準備できるとすると、
最大3,139万円、無理のない範囲で1,607万円の物件が購入できることになります。

ローンを扱う銀行では団体信用生命保険への加入が義務づけられているため、Fさんに万が一のことがあっても家族が住居費に困ることはないという松浦さんの説明が、Fさんにはすんなりと腑に落ちたのです。

銀行との信頼関係構築に定額預金を60歳までに完済するための的確なアドバイスも！

松浦さんの話を聞いたFさん夫婦は、購入の先送りは得策ではない、と考え「今家を買う」ことを決心しました。個人事業主でも住宅ローンを組めるとわかったこと、現在の収入状況で購入できる額がはっきりしたこと、1日でも早く購入すべきだということ。そして、これらのシミュレーションによって具体的な数字が出て、自分たちの家をどんなものにしたらいいかイメージが持てたことが2人の背中を押しました。

松浦さんはより詳しいアドバイスを続けました。住宅ローンを組む銀行は、Fさん夫婦が以前から付き合いのある地元の銀行にすると仮定します。その場合、毎月5000円でいいので定額預金をすることをお勧めしました。これは、銀行との信頼関係を向上させるためだけでなく、繰り上げ返済の軍資金にすることも考えたためです。

現在35歳のFさん。35年ローンを組んだら完済するのは70歳になります。それまで元気で働ける保証はなく、退職金もありません。なるべく60歳までに完済することを目標にして、繰り上げ返済の戦略も立てました。

まずは、10年後に毎月貯金した5000円で貯まった60万円を繰り上げ返済。また、どのみち加入が必要な生命保険や学資保険を有効に使うことを考えました。実は松浦さん、前職は保険業界にいたために、保険制度についても熟知しています。長男の学資保険代わりとなる積立貯金に加入。さらに25年後に満期を迎える生命保険に夫名義で加入し、解約返戻金をやはり繰り上げ返済に充当します。10年後に60万円、18年後に200万円、25年後に150万円を繰り上げ返済すれば、60歳でほぼ完済することも可能というシミュレーションになりました（図表2）。

定額預金を組むことで、金融機関との信頼関係が向上するという話にとても感銘を受けたFさん夫婦。早速銀行に相談に行ってみることにしました。松浦さんは、もし

図表2 繰り上げ返済のシミュレーション

条件

借入総額は？ 1,450 万円

返済方法は？ 元利均等返済

返済期間は？ 35 年

借入金利は？ 1年目〜 0.800 %

11年目〜 1.140 %

〈繰り上げ返済〉

10年後に 60万円

18年後に 200万円

25年後に 150万円

期間短縮型

結果

総返済額	16,576,706円
返済期間	25年 8 ヵ月
通常月の返済額	1 年目 〜 39,593円 11年目 〜 41,246円

▷ 残元金の推移

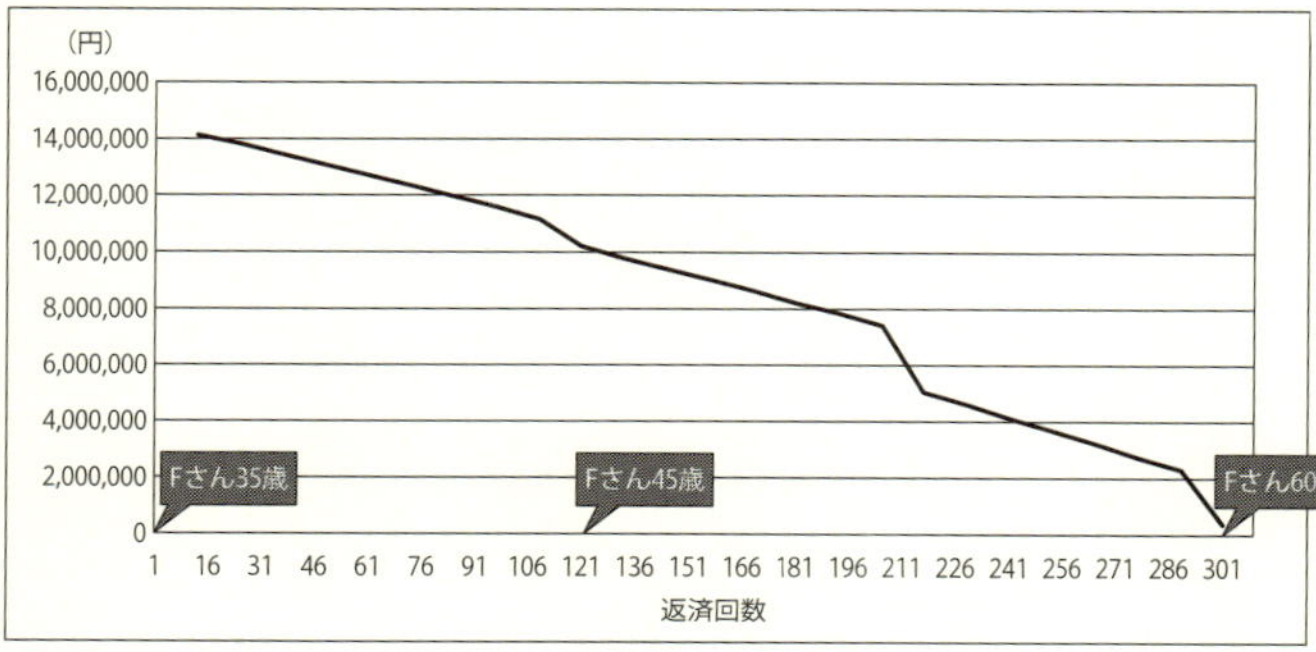

も審査が下りなかった時のために、個人事業主でも住宅ローンを組みやすい銀行などをリストアップして段取りをしていましたが、結果としてFさん夫婦が当たった銀行から無事融資が下りることになったのです。

予定より安く中古物件を入手 現在、夫が自力で大規模リフォーム中

その後、Fさん夫婦は1600万円を上限に中古物件を探し出しました。低予算のため希望のエリアになかなか優良物件が見つからず苦労しましたが、夫のお眼鏡にかなう中古の一戸建てを何とか見つけて契約。物件は築22年の4LDKで、価格は1400万円弱でしたが、交渉により1250万円で手に入れることができました。当初予定していた上限額より350万円も予算を下げることができたのです。

引き渡しを済ませ、今は1カ月近くかけて夫が大がかりなリフォームをしている最中だというFさん夫婦。完成も間近だそうで、妻も入居を心待ちにしています。

「松浦さんは、自分たちが一番心配していた住宅ローンに関するアドバイスが的確

住宅購入のお手伝いをしたアドバイザーは

▶ **松浦秀明**さん

2013年入社、不動産業界４年。売買仲介（実需・投資用）を担当。保険業界にいた経験を生かし、不動産・ローン・税金だけでなく保険についてもアドバイスいたします。

接客の信条

人生において、「不動産の購入」は大きな資金が必要な分野です。購入後にお客様の不利益となるようなことがないよう、購入前の綿密な調査はもちろん、不動産の出口（永住用・将来賃貸・相続など）もしっかりと視野に入れた、購入検討のお手伝いをさせていただきます。不動産の購入において大切なこと、それはお客様の将来設計に合う形をどれだけつくれるかだと確信しています。「絶対に成功させるんだ」という気構えを持ちつつ、お客様のご来店を心よりお待ちしております。

社名：（株）日本エイジェント
住所：愛媛県松山市湊町１－２
URL：http://www.nihon-agent-buy.com/
1981年の創業以来、賃貸管理をメインに不動産の仲介・売買に携わってきました。愛媛県に11店舗、東京に２店舗を構え、管理戸数は約13,000戸と四国でもトップクラス。購入からリフォームまでワンストップでの対応が可能です。

で驚きました。マイホーム購入に向けての説明に納得して、〝今、家を買おう！〟という気になれたんです。住宅ローン審査に通る戦略だけでなく、返済に関する資金繰りまで細かく教えてくれて、本当に勉強になりました。アドバイスどおり、頑張って繰り上げ返済をして、60歳までには支払いを終えたいと思っています」とFさん。まだ小さな長男に「実家」をつくってあげられたのが何よりうれしいと、喜んでいました。

プロの視点

事例にもあったように、個人事業主が住宅ローンを組むのは、会社員が住宅ローンを組むのと比べると難しいのが現実です。個人事業主は繁忙期と閑散期で収入が大きく違ったり、流行や景気の動向によって売り上げが増減したりするため、金融機関からは「安定した貸出先」とみなされにくいのです。世帯年収は十分足りているにもかかわらず、希望する借入額の満額は借りられず、金利の高い別の銀行から不足分を借りなければならないこともあります。また、個人事業主の審査には、3年分の確定申告書や納税証明書の提出を求められることが多いもの。確定申告や納税をおざなりにすると、書類審査で引っかかってしまうケースもあるので注意が必要です。

松浦さんも指摘していたように、会社員と異なり働けなくなった時の保障がないのが個人事業主。住宅ローンを組むことは、万が一の時の保険にもなるため有効ですが、問題は予算です。年収が安定しない場合の予算の組み方は難しく、Fさんの場合はそのことに精通したアドバイザーと出会ったことで、適正予算がわかりました。繰り上げ返済計画もうまく保険と絡めるなど、保険に強いアドバイザーだったことも運がよかったといえます。

ストーリー 7

キャッシュVS住宅ローン!?
現金がある人のマイホーム購入戦略とは？

住宅を購入したＧさんご家族は

家族構成
夫52歳、妻53歳、子ども３人、夫の両親（ともに80代）

収入
夫800万円、妻150万円、手持ち資金3,000万円

それまでの住まい
持ち家、夫と妻、子ども３人、夫の両親との７人住まい

ご家族が抱える課題
古くなった家をリフォームするか、建て替えするか？

購入された住まい
建物4,000万円、農地転用・土地造成費用等800万円、総額およそ4,800万円

手持ち資金で予算は十分 リフォームか、建て替えか？

マイホームを手に入れたいと思った時、ほとんどの家庭では「予算」が問題になるのではないでしょうか？　なるべくよい立地になるべく広い家を建てたい、と思うのは当たり前のこと。しかし、そうすると予算オーバーとなってしまうために、みんな悩んでいるのだと思います。

でも、もしも予算を気にしなくもいいとしたら？　手持ち資金がたっぷりあれば、もう少し駅から遠い場所に、ひと部屋削って、材料費を抑えて、といったことは考えなくていいのです。なんともうらやましい話ですが、予算が十分あればあったで、その家族なりの課題はやはりあるものです。

Ｇさんは地元の大手企業に勤める会社員。妻のパート収入と合わせると、950万円の世帯年収があります。夫の両親の持つ家に両親と夫婦、子どもたち3人の大家族で暮らしていました。しかし、子どもたちのうち2人が巣立ち、さらに家が古くなってきたこともあって家を新しくすることを検討。今の家をリフォームしながら住むのがいいのか、建て替えをしたほうがいいのか迷っていました。

Ｇさん夫婦は昔からお世話になっている工務店に相談したり、家づくりの勉強会に足を運んだりしてみました。「家の中に家をつくる」という発想で、今住んでいる家を壊さずに断熱リフォームができる「ハウスインハウス」の勉強会にも参加。その勉強会を主催していたのが、福山建築代表の松本晃一さんでした。

松本さんの話を聞いているうちに、Ｇさん夫婦は福山建築がつくっている新築住宅にも興味を持ち、完成内覧会や賢い家づくり勉強会にも行ってみました。そこで、改めて松本さんに相談。リフォームか新築か、という悩みのことも話しました。「リフォーム、建て替えどちらも間違いじゃない。何もしないという選択肢だってあるんです」。正解は各家庭によって違う。跡取りがいるなら建て替えがいいが、家族それぞれの考え方もあります。家に対してどれくらいの金額をどういうふうに使うのか？　それらすべてにGさん一家だけの答えがあるはずです。それを一緒に考えていこうと松本さんは言います。

あえて住宅ローンを組む、という戦術 マイナス金利が発生するお得なプランとは？

松本さんは、まずGさん夫婦の考える予算について話を聞きました。Gさんの預金額は約3000万円。それに両親からの援助を入れて、約3800万円程度の予算を見込んでいました。一見、何の問題もないようですが、「返済額が多くなるのが嫌だから、住宅ローンを組まずに全部現金で支払うつもりだ」というGさんの言葉を聞いて、松本さんは「待った」をかけます。

確かに、住宅ローンを組めば借入金額よりも総返済額のほうが多くなるのは常識です。仮に3000万円を35年ローンで借りて、金利が1・1％だとすると、総返済額は約3600万円。以下、金利が0・1％上がるごとに総返済額は約50万円ずつ増えていきます。そうは言っても、一度に数千万円の現金を用意できる人は少ないので、皆仕方なく住宅ローンを組むわけですが、その現金がある人にとっては「もったいない」というのもわかる気がします。

しかし、松本さんは「資産がある人ほど、住宅ローンを上手に活用できる」と言います。それは「預金連動型住宅ローン」を活用した方法です。

預金連動型住宅ローンとは、住宅ローンを組む金融機関で普通預金に預け入れしている預金残高と同額の借入には金利がかからない、という仕組みの住宅ローンです。取り扱っている金融機関によって少しずつ差はありますが、具体的には、例えば、預金が2000万円あり借入金が3000万円だとすると、借入金のうち預金と同額の

2000万円には金利がかからず、残りの1000万円にだけ金利がかかるのです。

預金が多いほど優遇されるため、資金に余裕のある人に向いています。そして、この住宅ローン最大のメリットは住宅ローン控除を最大限に活用できることにありました。

住宅ローン控除を活用してマイナス金利を実現！ 10年後に完済すれば、メリットだらけのプランに

松本さんが提案したプランは、地元銀行の預金連動型住宅ローン。住宅ローン借入額の50%を上限として普通預金へ預け入れを行い、住宅ローンの金利と普通預金金利の差額をキャッシュバックする、という商品でした。

Gさん夫婦のケースでは、借入額3000万円、2段階固定金利型（当初10年1・1%、11年目以降2・1%）の住宅ローンを組み、借入額の50%にあたる1500万円を預け入れします。「住宅ローンの金利と普通預金金利の差額をキャッシュバックする」という内容なので、「住宅ローンの金利」（住宅ローンの金利がかかる1500万円×1・1%＝16万5000円）から「普通預金金利」（1500万円

×０・００１％＝１５００円）を引いた16万３５００円が毎年キャッシュバックされるのです。

これによって、住宅ローンの支払利息は実質33万円からキャッシュバック分の16万３５００円を引いた16万６５００円へと軽減されます。さらに、住宅ローン控除は住宅ローン残高全体が対象額となるため、３０００万円の残高があれば30万円が還付されます。つまり、住宅ローンを利用することによって、年間13万３５００円（30万円－16万６５００円）が得になる、マイナス金利が実現するのです。

しかも、普通預金に預け入れた１５００万円はいつでも引き出すことが可能なので手持ち資金がなくなる不安から解消されます。住宅ローンを組む際には団体信用生命保険に加入するため、その他の保険内容を見直すことができ、保険料の負担軽減も可能です。

11年目からは金利が２・１％へと上昇するうえ、住宅ローン控除がなくなるので、そのタイミングで一括返済をすればいい、と松本さんはアドバイスをしました（図表１）。

図表1 住宅ローンのシミュレーション

条件

借入総額は？	3,000	万円
返済方法は？	元利均等返済	
返済期間は？	35	年
借入金利は？　1年目～	1.100	%
11年目～	2.100	%

※このほかに、地元銀行に1,500万円の預金（金利0.001%）

結果

総返済額	39,362,425円
通常月の返済額	1年目 ～86,091円 11年目 ～96,772円

住宅ローン金利と普通預金金利の差額によるキャッシュバック　163,500円／年
住宅ローン控除による還付額　初年度約30万円

▷ 通常月の返済額推移

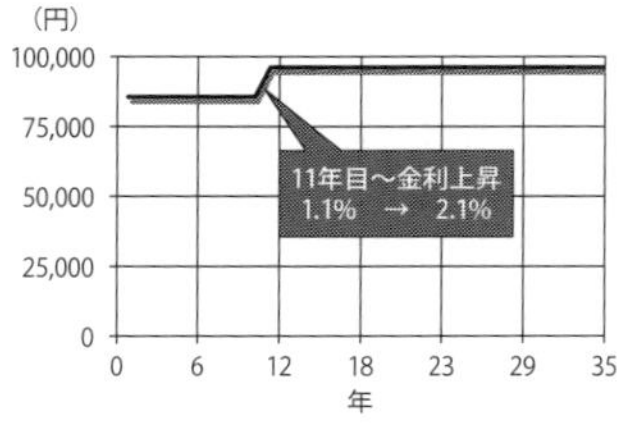

▷ 残元金の推移

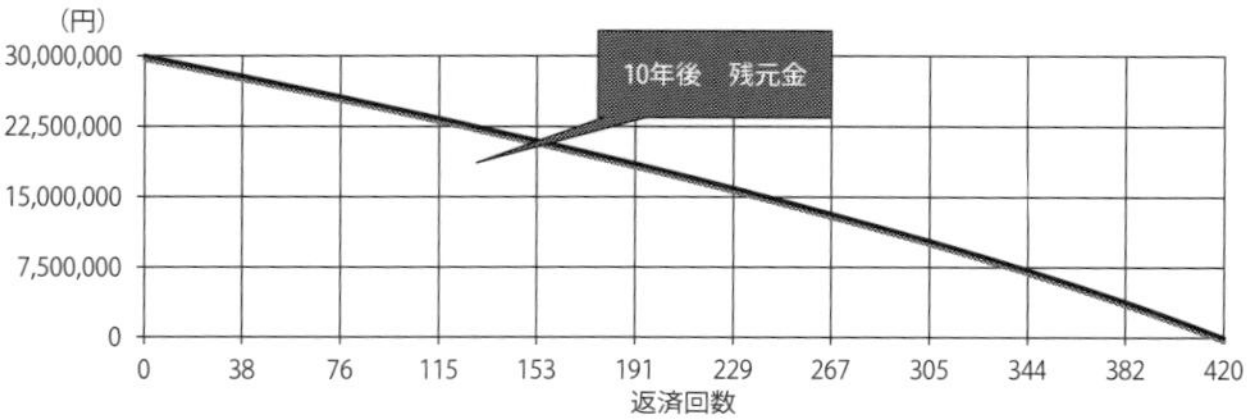

これにはGさん夫婦もびっくり。手持ち資金をうまく活用しながらあえて住宅ローンを組むことで、得をするなんて思いもよらないことだったのです。お金を借りることでかえって手元にお金が残る、戦略的な運用プランでした。

農地転用した新たな土地に家族の希望を詰め込んだ新しい家を建築

住宅ローンを借りることで総予算が膨らんだGさん夫婦。リフォームではなく建て替えをすることを決意します。両親にも相談したところ、それなら別の土地に新築してはどうか、と言われました。現在住んでいる家は愛着がありますが、車の出入りが少し不便な場所でもありました。父は周辺に農地を所有していて、その一部を農地転用してそこに新しい家を建てればいいと提案されたのです。

それを聞き、近くに賃貸住まいをしていたGさんの妹も「一緒に住みたい」と言ってきました。妹の預金1000万円も入れるとのことです。さらに予算が膨らみ、みんなの願いをふんだんに取り入れた家づくりが始まりました。

「もともとお世話になっていた工務店もあったけど、こんなに詳しくお金の話をしてくれたことはなかった」と話すGさん。親身になって相談に乗ったり、金融機関に当たったりしてくれた松本さんを心から信頼し、Gさんは新築住宅の建築を迷いなく福山建築にお願いすることにしました。

子育てを終えたGさん夫婦は、第二の人生を楽しむため個々がそれぞれの生活ペースで暮らせる家を希望。3世帯が集まるため、両親や子どもと緩やかにつながる工夫も必要でした。農家を営む両親には、作業着のまま出入りできるサブ玄関を。全員が集うキッチンは予算を大幅にアップして妻

住宅購入のお手伝いをしたアドバイザーは

▶ **松本晃一**さん

21歳で大工の修行をはじめてから、現場ひと筋。1992年福山建築に弟子入り。2011年に先代の親方から会社を引き継ぎ、代表者となる。

接客の信条

いい家をつくるためにお客様に数多くの選択肢を持っていただくこと。FPは、生活の仕方を前向きにとらえられる、人生設計において生活を変えるきっかけになると実感しています。

社名：福山建築
住所：鳥取県倉吉市山根539−1　2F
URL：http://happy-mountain.jp/
自社大工責任施工でお施主様と一緒に家づくり。鳥取の気候・風土に合った快適で高性能な家を手の届く価格で提供します。高気密・高断熱の家をてがけ、その技術には絶対の自信を持っています。

こだわりのアイランド型に。庭好きの夫は浴槽につかりながら坪庭の景色を楽しみます。県外に暮らす長男長女が帰省してきたときのための部屋も用意しました。畑と庭を望む広いウッドデッキは、家族にとってのもうひとつのリビング。近所の人を招き、畑で採れた野菜で賑やかにバーベキューをすることも多いそうです。高性能住宅なため光熱費も浮いているというGさん夫婦。手持ち資金をうまく活用したことで、希望以上の家を建てることができ、生活にもさらなる余裕が生まれました。

プロの視点

一般的に、マイホームを望むのは一次取得者層といわれる「初めて家を購入する人」がほとんどです。その場合、圧倒的に「予算が足りない」ことに悩む人が多くなります。そのため、FPアドバイザーは「どうやったら少ない予算で賢く家を買えるか」に頭を使うものですが、今回の事例はその反対です。資産があり、現金で家を購入しよう、という層。Gさん夫婦のように「総返済額が増えるからもったいない」と思う人や、そもそも借金をするのが嫌だ、という考え方の人も多いのです。

Gさん夫婦の場合は、アドバイザーが預金連動型住宅ローンについてよく知っていたことが成功のポイントとなりました。前述したように、資産が多い人へのアドバイスに慣れていない人もいる中で、松本さんのような普段から金融機関の商品に関心を持ち、担当者とも情報交換をしている勉強熱心なアドバイザーは心強いものです。ゼロ金利時代の今、資産は現金でただ持っているだけでは目減りしていく一方です。上手に運用するためには、よいアドバイザーとの出会いが重要になります。

ストーリー 8

住宅ローンを完済するのが77歳でも大丈夫？
繰り上げ返済の計画をしっかり立てて、不安を解消

住宅を購入したHさんご家族は

家族構成
夫42歳、妻42歳、長男８歳、次男５歳

収入
年収600万円（夫：会社員）

それまでの住まい
戸建て賃貸住宅（家賃月５万円）

ご家族が抱える課題
住宅ローンを組むと完済年齢が77歳になるが大丈夫なのか？

購入された住まい
契約済みで、これから購入予定

年齢が気になり住宅取得を決断するも、家に妥協はしたくない！

Hさんは42歳の会社員。同じ年の妻と息子２人の４人家族で、戸建ての賃貸住宅に住んでいました。子どもたちも大きくなり、そろそろ自分専用の部屋をほしがる年ごろ。家が手狭になったうえに、自身の年齢も気になってきました。そろそろ住宅を取得する時期に来ていると感じたHさんは、妻とともにハウスメーカーをいくつか当たってみることにしま

した。

住宅について知れば知るほど、住宅の性能が気になり始めたHさん夫婦。「一生に一度の買い物なので、安いことを理由に性能やデザイン性が低い家は建てたくない」と考えて、「アトリエ建築家とつくる家」を手がける安本建設㈱に注目しました。

オシャレで高いデザイン性を持ちながら、省エネや断熱性能、耐震性も高い高性能住宅。安本建設の施工事例を自分たちが求める理想の家と重ねながら、問い合わせをしてみました。すると、今度は気になるのが価格です。「これだけオシャレで性能が高ければ、やっぱり高いんでしょう?」。これが、安本建設の担当者、米村伸太さんにHさん夫婦が最初に言った言葉でした。

オシャレでもコストを抑えられる理由 高性能住宅の利点とは?

家に妥協はしたくないが、予算も気になるHさん夫婦。自身の年齢から、住宅ローンの返済についても不安を抱えていました。

そこで米村さんは、まず自社の提供する家が、直接仕入れや徹底した無駄の排除によってコストを削減する努力をしていることを告げます。

さらに、省エネ性能や断熱性能が高い住宅と一般的な住宅との比較をシミュレーションしてみました。高性能住宅は、確かに住宅取得時にかかるコストが一般住宅と比べて高いのですが、断熱性が高ければその分光熱費を抑えることができ、毎月のランニングコストが低くなります。そのうえ、高性能住宅には補助金や減税、住宅ローンの金利優遇が受けられる場合があり、トータルで見ると有利であるケースが多いのです。

「もちろん、高性能住宅は一般住宅に比べて値が張ります。ですが、資金計画をきちんと立てて臨めば恐れることはありませんし、何より高性能住宅はその後の暮らしに差が出ます。より安全で充実した人生が送れる家を選ぶ、という視点で考えてみてはいかがですか?」。この米村さんの言葉にはHさん夫婦も納得。安本建設での家づくりを前向きに考えてもいいかな、と思い始めます。

しかし、2人にはまだ不安が残っていました。住宅ローン返済に対する不安です。Hさんの年は現在42歳。仮に翌年からもっとも一般的な35年ローンを組んだとすると、完済するのは78歳になってしまいます。70歳を過ぎ、年金暮らしとなってからでも、ローンを返していけるのか？　Hさんには、全くイメージが湧きません。

そこで、安本さんは繰り上げ返済で返済期間を短くする方法を提案。Hさんの話をもとに、いくつかのパターンをシミュレーションしてみることにしたのです。

ライフイベントも考慮した綿密な計画
完璧な繰り上げ返済で、70歳完済を目指す！

Hさんの勤める会社は定年が60歳ですが、65歳まで定年を延長できる制度があり、Hさんはそれを活用するつもりでした。また、65歳で退職した後も70歳までは最低限の月給で仕事を続けることができ、それについても前向きに考えていました。70歳までに完済できれば、その後の年金生活にもゆとりが生まれるはずです。

米村さんは、仮に3900万円の借入をするとして、43歳から住宅ローンを開始

図表1 繰り上げ返済のシミュレーション（住宅ローン控除による還付額で繰り上げ返済）

条件

借入総額は？	3,900	万円
うちボーナス払い	900	万円
返済方法は？	元利均等返済	
返済期間は？	35	年
借入金利は？ 1年目～	0.975	%
6年目～	1.000	%
11年目～	1.200	%

〈繰り上げ返済〉
11年後に　250万円
期間短縮型

結果

	繰り上げ返済する場合	繰り上げ返済しない場合
総返済額	46,254,247円	47,009,049円
返済期間	32年7ヵ月	35年0ヵ月

繰り上げ返済する場合のほうが754,802円総支払額が少なくなり、返済期間は2年5ヵ月短くなります。

完済年齢　78歳　→　75歳へ

し、その後10年間に住宅ローン控除で戻ってくる額を算出。10年間で250万円還付されることがわかり、それをすべて貯金して53歳になった時に繰り上げ返済すると、返済期間が2年5カ月短縮できます。

しかし、それでは完済年齢は75歳（図表1）。あと5年短縮させる必要がありま す。米村さんは2人に細かくヒアリングをしながら、シミュレーションツールにHさん一家のライフプランを入力。その内容に合わせて、貯蓄と臨時収入を組み合わせた繰り上げ返済の方法を考え出します。

まず、子どもの教育費など一番お金のかかる今後10年間は毎月1万円を貯蓄に回し、120万円を貯金する。11年目以降の6年間は、年収も上がり最も貯蓄ができる時期なので、がんばって毎月1万4000円の貯金。それぞれの貯蓄はもちろん繰り上げ返済に回す。また、70歳までしっかり働いたとすると、17年後に1500万円の退職金が手に入る予定なので、そのうち老後資金の1000万円を残して500万円を繰り上げ返済する。

つまり、11年目に住宅ローン控除の250万円と貯蓄の120万円を合わせた

図表2 繰り上げ返済のシミュレーション（住宅ローン控除還付金＋貯蓄＋退職金で繰り上げ返済）

条件

借入総額は？	3,900	万円
うちボーナス払い	900	万円
返済方法は？	元利均等返済	
返済期間は？	35	年
借入金利は？　1年目～	0.975	%
6年目～	1.000	%
11年目～	1.200	%

〈繰り上げ返済〉
11年後に　370万円
17年後に　600万円
期間短縮型

結果

	繰り上げ返済する場合	繰り上げ返済しない場合
総返済額	44,960,704円	47,009,049円
返済期間	26年４ヵ月	35年０ヵ月

繰り上げ返済する場合のほうが2,048,345円総支払額が少なくなり、返済期間は８年８ヵ月短くなります。

▷残元金の推移

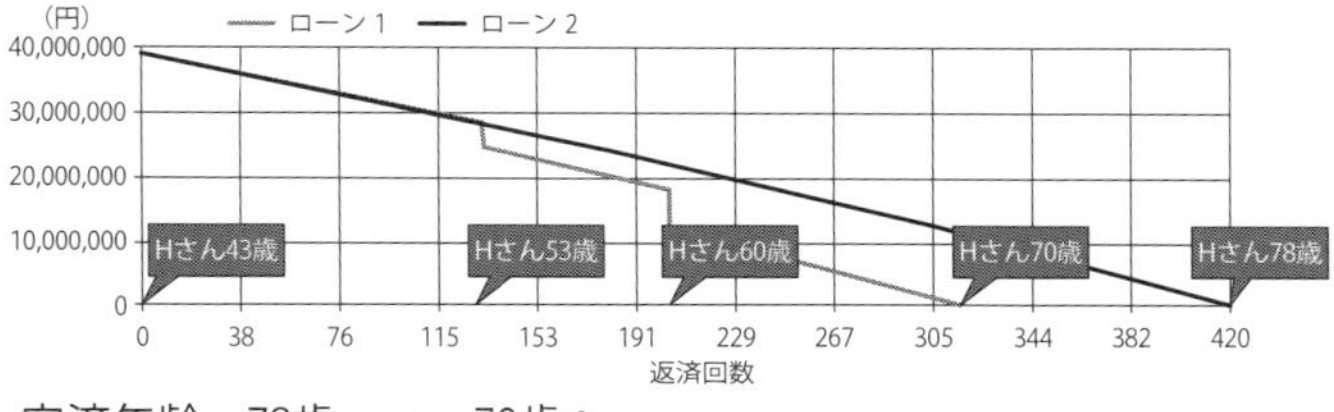

完済年齢　78歳　→　70歳へ

370万円を、さらに17年後に退職金の500万円と貯蓄の100万円を合わせた600万円をそれぞれ繰り上げ返済すれば、ぴったり70歳で住宅ローンを完済することができるのです。

無理のない返済計画に納得
未来まで考えてくれるアドバイスに感動！

70歳までに住宅ローンを返せることがわかったHさん夫婦。住宅ローン控除の還付金を貯める、退職金を返済に充てるなど無理のない方法であることも、不安を払しょくできた決め手でした。10年間は月1万円、その後の6年間は月1万4000円貯金をしていく、という貯蓄計画も「そのくらいの金額なら」と前向きになれました。

ちなみに、米村さんが作成したライフプランは、家族の年齢とそれに伴って起きるライフイベント、車の購入時期、家族旅行や毎月の食費まで入った詳細なものだったそうです。

「自分たちが希望した家にかかる予算が、自分たちの生活にどれくらいの影響を与えるのかなんて、これまで考えたこともなかったし、他社でも教えてもらったことはありませんでした。米村さんの話は一つひとつが納得できる話ばかりで、目からウロコがポロポロ（笑）。細かいシミュレーションや返済計画もつくってもらいましたが、単純にこれから自分たちがどうやって返済していくかだけでなく、ライフプランまで考慮に入れてくれて、本当に私たちの未来まで考えてくれているんだなぁ、と感動しました」とHさんは語ります。米村さんの提案どおり3900万円を借り入れて、安本建設の「アトリエ建築家とつくる家」を建てる決心をしました。

土地については、ちょうど安本建設が分譲している土地があり、坪単価が高い地域だったものの資金繰りがついたことでそこに決定。今はどんな家を建てるか、憧れのアトリエ建築家とともに設計の段階だそうです。

人生の三大支出にかかわるものとして……住宅FPアドバイザーの矜持

ところで、米村さんがHさん夫婦にライフプランを作成してみせたのにはわけがあ

住宅購入のお手伝いをしたアドバイザーは

▶ **米村伸太**さん

太陽光販売業者の営業を経て、安本建設（株）でリフォーム・新築住宅営業を担当。

接客の信条

すべてのお客様に、10年先、20年先のご自身の暮らしを「幸せです」と言ってもらえる、そんなアドバイザーであること。

社名：安本建設（株）
住所：山口県岩国市元町1-2-14
URL：http://www.rhouse-iwakuni.com/
岩国市を中心としたエリアで創業70年目を迎える建設会社です。

ります。いつも「すべてのお客様に10年後、20年後にお会いしたとき、『幸せです』と言っていただきたい」と考えている米村さん。さらに、会社の営業チーム全員に「家づくりは資金計画から」という共通認識があります。せっかく手に入れた夢のマイホーム。家を建てた後に後悔するようなことがあってはならない、という考えに基づいて、まず資金計画の相談に乗ることから始めているのです。

一般的に教育費、住居費、老後費が「人生の三大支出」と言われています。そのひとつである住居費にかかわる仕事をしている以上、資金計画のことをきちんと知っておくべきと考えて、住宅FPアドバイザーの資格も取得しました。Hさん夫婦のために立てた資金計画の中にも、教育費がかかる間は貯蓄額を抑えたり、老後費のことも考慮して退職金を残したり、といった配慮がありました。住居費が日々の家計や将来設計に影を落とすようなことがないよう、無理のない資金計画を一緒に立てるのが自分たちの責任だと考えているのです。

プロの視点

超低金利だからといって、住宅ローンを借りっぱなし、というのはもったいない話です。借入額と総返済額が違うことは、もうご存じだと思います。例えば、3000万円借入をして、1％の固定金利で35年ローンを組んだとします。すると総返済額は約3500万円となり、500万円多く金融機関に支払うことになるのです。そんな時に有効なのが、繰り上げ返済です。

繰り上げ返済には、Hさんのように返済期間を短くする期間短縮型と、毎月の返済額を少なくする返済額軽減型の2種類があります。どちらを選択するのかはその人の考え方や置かれている状況により異なります。どちらにしろ、繰り上げ返済する時にどのくらい手数料が必要かなどをよく調べ、家計の中で出た余剰金を繰り上げ返済に回すことが大事です。住宅ローンを借りている金融機関でシミュレーションをしてもらうこともお勧めです。

今回の事例では、借入をする前の段階でかなりしっかりした繰り上げ返済の計画を立てました。人生何が起こるかわからないので、必ずしも計画どおりに実行できるとは限りませんが、最初にこのような計画を立てておくことで、その後の自分たちの暮らし方、ファイナンシャルプランまでが見えてきます。もしも計画を立てなかったら、住宅ローン控除の還付金を何も考えずに使ってしまうことでしょう。毎月いくら貯金すればいいか、その目安がわかるだけでも、生活に計画性と安心感が生まれます。

Hさんの場合、ライフプランまで一緒に考えてくれるアドバイザーに出会い、無理のない資金計画を立てたので、希望どおりの家を手に入れることができそうです。そのうえ、自分たちの未来像まで見通すことができ、幸せも手に入れました。

第3章

安心のマイホーム取得の味方住宅FPアドバイザー

川瀬太志

長く付き合える住宅FPアドバイザーの存在

マイホームの夢を叶えた8つの家族のストーリーはいかがでしたでしょうか？　今回登場した8つの家族のストーリーはどれも実際の話をもとに紹介しています。家族の状況はさまざまで、描いているビジョン、抱えている課題もさまざまでした。しかし、共通しているのは、すべての家族には夢があり、希望があったこと。そして、結果的に納得のマイホーム取得が実現し、幸せな生活をスタートさせたことです。

今この本を手に取っているみなさんの多くは、マイホームの夢を描いていることだと思います。しかし、結果的にマイホームを取得したとしても、家族が幸せな生活を送れるかどうかはわかりません。夢や希望を追い求めて無理な計画でマイホームを取得したがために、家族が不幸になってしまう。そういうケースも少なからずあるのです。あってほしくないことだと思います。

描いていた夢や希望のすべてを叶えることは決して簡単なことではありません。夢の前に現実が立ちはだかるからです。

例えば、マイホーム取得にかけられる予算には限りがあります。いくらでも予算をかけられる人などは皆無に近く、ほとんどの人は出せる自己資金、借りられる住宅ローンの額に上限があります。

「夢」と「現実」――この2つの折り合いをつけることは、実はとても難しいことなのです。そもそも少なからぬお客様は、自分にとって本当に正しい予算がいくらなのかということすらわかっていません。

「どの物件を買うか」とか、新築の場合には「どんな外観や間取りプランにするか」といった夢を膨らませることは楽しいことですし、大切なことです。でも、同時にお客様が決めておかなければならない「5つの現実」があります。

（1）タイミング……いつ新しい家に住むのか？　いつ住宅ローンを組むのか？
（2）予　　算……いくらかけるのか？　自己資金はいくらで、住宅ローンはいくらにするか？
（3）土　　地……どの土地にするか？（※土地から買って新築を建てる場合）
（4）関係者合意……立地、外観、間取り、予算などご夫婦やお子様、親御様たちと

（5）住宅会社選び……どこの住宅会社にお願いするか？合意できるか？

これら「5つの現実」は、最終的にはすべてお客様が自分で決めなければならないことです。しかし、お客様がすべてを自分だけで決めることは、なかなかできることではありません。なぜなら、多くのお客様は「どう決めたらよいのか」という判断基準を持ち合わせていないからです。現実の壁にぶつかってしまうと、どう決めたらいいのかわからなくなってしまいます。そうしてひとつでも越えられない壁が現れると、マイホーム購入計画は長期化してしまいます。場合によっては計画を中断せざるを得なくなることになります。

この、お客様が意思決定しなければならない「5つの現実」について、お客様のニーズと現状を丁寧に、しっかりと聞き、マイホーム購入を進めていく検討事項の順番を間違えずに、スムーズにお客様をナビゲートするのがプロの住宅FPアドバイザーの仕事です。

住宅FPアドバイザーには共通していることがあります。

それは、

・お客様の声をしっかりと聞き、夢と現実を正しく把握する

・進め方は、押しつけでも誘導でもなく、常に比較をしながら客観的な選択肢を提示する

・税制や金利、住宅ローン制度などについて十分な知識を持ち、わかりやすくアドバイスする

・自分が「説得」するのではなく、お客様の「気づき」や「納得」「みずからの意思決定」を大切にしている

・お客様との長期的なお付き合いを前提として、生涯にわたるライフプランを考える

ということです。

これらのことは営業パーソンとして当たり前のことのように思われるかもしれません。しかし、現実にはむしろ逆のケースのほうがよく見受けられます。

「もっとローンを借りましょうよ」

「もうすぐ売れてしまいますよ」

「今がチャンスですよ」

このようにお客様をあおったり、不安にさせたり、強引に誘導したり……。

資金計画をするといっても、無理なく買える予算に合わせた提案をするよりも、買わせたい物件の価格に合わせて予算を決める担当者もいます。お客様の都合を考えず、自分のノルマを達成するために値引きをちらつかせたりしながら今月中の契約を迫る担当者もいます。

こういう担当者はきっと売ることだけが目的なのだろうと思います。そういう担当者との関係性は、あなたが家を買ったらそれで終わりになることでしょう。

住宅FPアドバイザーにとって大切なことがあります。FPの知識や技術はもちろん大事です。しかしそれ以上に大切なことは、「お客様と長く付き合う」という強い意思です。「売ったら終わり」ではありません。だから決していい加減な対応はしません。お客様に無理もさせません。お客様が納得するまで、ローンの検討にしっかりお付き合いします。

これは決して空想ではありません。こういうスタイルを実際に行いながら、普通の営業パーソンの何倍もの営業成績を上げている人たち（住宅FPアドバイザー）がいるのです。

住宅FPアドバイザーは「押し売り」などしなくても、お客様の不安に寄り添い、解決に導いていくことがお客様からの信頼につながり、結果として自分の営業成績につながるということをわかっています。

私は、すべてのマイホームをご検討されるお客様がこうした住宅FPアドバイザーと出会い、安心して夢のマイホームを現実のものとしていただくことを願っています。

「リライフクラブ」の住宅FPアドバイザー

ハイアス・アンド・カンパニー株式会社では、「個人が住宅を安心し納得して取得できる環境をつくる」という理念のもとに「リライフクラブ」のプロジェクトを全国展開しています。

リライフクラブは、全国の住宅会社・不動産会社の会員ネットワークで、現在、この理念に賛同する会員は全国でおよそ700社、登録アドバイザーの数は2200人を超えます。

実は第2章に登場したアドバイザーも、みなさんリライフクラブの「住宅FPアドバイザー」です。

リライフクラブのアドバイザーが取り組んでいること

リライフクラブに参画する会社は、大手フランチャイズチェーンに加盟するような会社もあれば、地方の駅前に数人で店を構えるような会社もあり、さまざまですが、共通してもっているのは、「個人が住宅を安心し納得して取得できる環境をつくる」という思いです。

アドバイザーは、決して今だけのことを考えた、「売って終わり」「後はどうなろうが知らない」というような営業はしません。住宅の購入を検討しながら将来の資金不安を抱えているお客様に対して、正しいFPの知識のもと、まずお客様の知りたいこと、知っておかなければならないことをきちんと伝えます。わかりやすいシミュレーションを用いながら、不安をひとつずつ丁寧に解消し、お客様一人ひとりのその後の暮らし方、老後の資金までを含めた最適な住まいとライフプランニングのアドバイスをします。

近年、住宅不動産営業においてＦＰの手法を用いたスタイルは決して珍しいものではありません。しかし一般的な営業マンは、お客様の購入したい住宅がおおよそ決まったあとに、住宅ローンに必要な書類を揃えて申請をしたり、返済計画表を作成してお渡ししたりすることをもって「ＦＰ」と呼んでいることがよくあります。これは営業マンが住宅を売るために必要な手続きではあるのですが、お客様にとって本当に大事な「今買って大丈夫なのか」「その返済計画は本当に無理がないのか」「住宅ローンは営業マンに勧められた組み方がベストなのか」、そういった不安を解消するものではありません。多くのお客様は最後まで「本当に大丈夫だよね?」と不安を感じながら契約書に印鑑を押しているのです。

リライフクラブの住宅ＦＰアドバイザーは、十分なＦＰの知識を身に付けています。早いタイミングで多くのお客様の悩みのもとである資金のことをお話しします。

ただ、面談においては、資金や借入というテーマは単なる入口でしかありません。大切にしているのは、とにかくお客様が後悔しないように、マイホームの取得で失敗することのないように、お客様と深いコミュニケーションをとって不安・悩みを解消することです。

家を買うというのは大きなことです。賃貸に住む、結婚する、住宅を買う、子どもを育てる、定年を迎える、ローンを払い終える、老後を過ごすといった人生のあらゆる局面での家計シミュレーションを実施しながら、お客様の不安を聞き、伝えるべきことをわかりやすく伝える。ヒアリングとシミュレーションの結果、例えば「今は買わないほうがいい」という結論に至ったとしても、それが答えであればきちんと伝えます。追求するのは、あくまでも、お客様に住宅購入における安心を提供することです。

そしてアドバイザーたちは、お客様が安心・納得してマイホームを取得してもらえるよう、リライフクラブの開催する研修への参加や事例学習を通じて、常に最新の金利や住宅税制、不動産価格の動向といった客観的な市場環境を把握し、ライフプランニングのスキルを磨き、お客様への丁寧な説明のしかたを日々鍛錬しています。

リライフクラブの営業マンが成功する理由

逆の視点から見てみると、実は、リライフクラブに参画する多くの会社で、〝営業効率〟が劇的によくなったという声が上がり、リライフクラブのネットワークは拡大を続けています。

彼らのやっていることは、先にもお伝えしたとおり、お客様に早い段階でしっかりと予算についての知識を持ってもらい、ライフプランまでを含めたアドバイスをすることでお客様の住宅購入の不安を解消するという営業スタイルの実践です。家を買ってもらうために都合の悪いことは言わずに先を急ぐのではなく、時には「私の予算は〇〇〇万円なので、この家を見てみたい」と言っている前のめりのお客様に対して、「まずその前にFPをしましょう」と言うこともありますし、お客様の状況のヒアリングやライフプランのシミュレーションを行ったうえで、「今は買うべきではありません」と制止することすらあります。

住宅会社・不動産会社の営業マンの立場からすると、一見、遠回りで非効率的なやり方のようにみえるかもしれません。しかし、それでも営業効率が上がっているというのは、実はこの方法が遠回りではなくむしろ近道であること、そしてこれまでいかに多くのお客様が不安を抱えたまま住宅の購入を決断できずに諦めていたかということを物語っています。

今、住宅購入適齢期と呼ばれる世代の人たちは、給料が上がらない、定年になっても退職金はないかもしれない、退職しても年金がちゃんともらえるのかわからない、そういった先行きの不安を抱え、家を持ちたいと思う人の割合は減っています。思い切って住宅会社・不動産会社を訪ねてきても、購入の決断にはとても慎重です。

ではどうすればそういうみなさんが、住宅購入に前向きになり決断をしてくれるのか。それは、丁寧にお客様の知りたいことを伝えることです。そんな慎重なお客様に対して営業マンが一生懸命プッシュしても家は売れないし、警戒心を持ったお客様はさらに身構えてしまいます。営業マンとお客様との間で正しい予算の認識を初めにしっかりと共有できていないと、安心・納得の住宅購入はいつまでたっても実現しません。営業マンはできるだけお客様の要望に沿うような物件を紹介していますが、なかなか納得してくれないために契約に至ることができず、お客様のリストばかりがたまっていくのが実情です。

お客様がなかなか決められないのは、お客様自身が住居にどれくらいのお金をかけることができ、その予算で自分の希望を最大限叶えようとすると、どのような住まいが妥当なのかということをわかっていないことが一番の理由です。初めに住宅購入において知っておくべきことを知っていて、正しい予算の認識をお客様自身が持ってさえいれば、あとはそれに見合った購入の計画を具体的に進めていくだけです。

リライフクラブの住宅FPアドバイザーは、そこにフォーカスして対応するスキルを磨いているので、今まで悩んだ挙句、契約に至らなかったようなお客様にも、契約の決断をしてもらうことができるのです。

住まいに関する資金のかんたんシミュレーションツール「ハイアーFP」

リライフクラブの住宅FPアドバイザーは「ハイアーFP」というリライフクラブが提供するシミュレーションツールを使っています。この「ハイアーFP」は、お客様の知りたいことをわかりやすく伝え、お客様の不安を解消することを目的にして開発されています。

今の時代、計算だけであれば、住宅ローンのシミュレーションなどはインターネットで検索してページを探せば出てきますから、みなさんも自宅で簡単にすることができるでしょう。必要なお金の感覚を得るために、自分でシミュレーションをしてみることはとても大事なことだと思います。でも「どうしてその計算になるのか」「本当にそのシミュレーション結果が正しいのか」「こんな簡単な計算で数千万円の買い物の決断をしてしまっていいのか」、そういう不安は残るのではないでしょうか。その不安を解消するには、考え方や結果の見方について、信頼できるプロのアドバイスが必要なのです。

しかし一方で、住宅会社・不動産会社を訪ねると、お客様の年収からパパッと電卓をはじいて、液晶画面を見せて「大丈夫です。〇〇〇万円まで借りられますよ」と断言して「今、買わないとなくなりますよ」と「説得」している営業マンがいまだにいます。そんなことでは不信感は増すばかりです。何をどう計算したのか、その数字はどう理解すればよいのかを伝えてくれないからです。

「ハイアーFP」は、FPに関するいろいろな計算機能が詰まっていることはもちろんですが、大きな特徴は、パソコンやタブレットの画面で一緒に見ながら操作することで、

・お客様の予算や適切な購入時期を導き出すプロセスを共有できる
・計算の結果をグラフの比較などでビジュアル的にわかりやすく共有できる

ということです。営業マンとお客様が会話をしながら数字を入力すると、その場で計算結果やグラフが変化しますから、営業マンが「説得」するまでもなく、多くのお客様が自ら「納得」するのです。

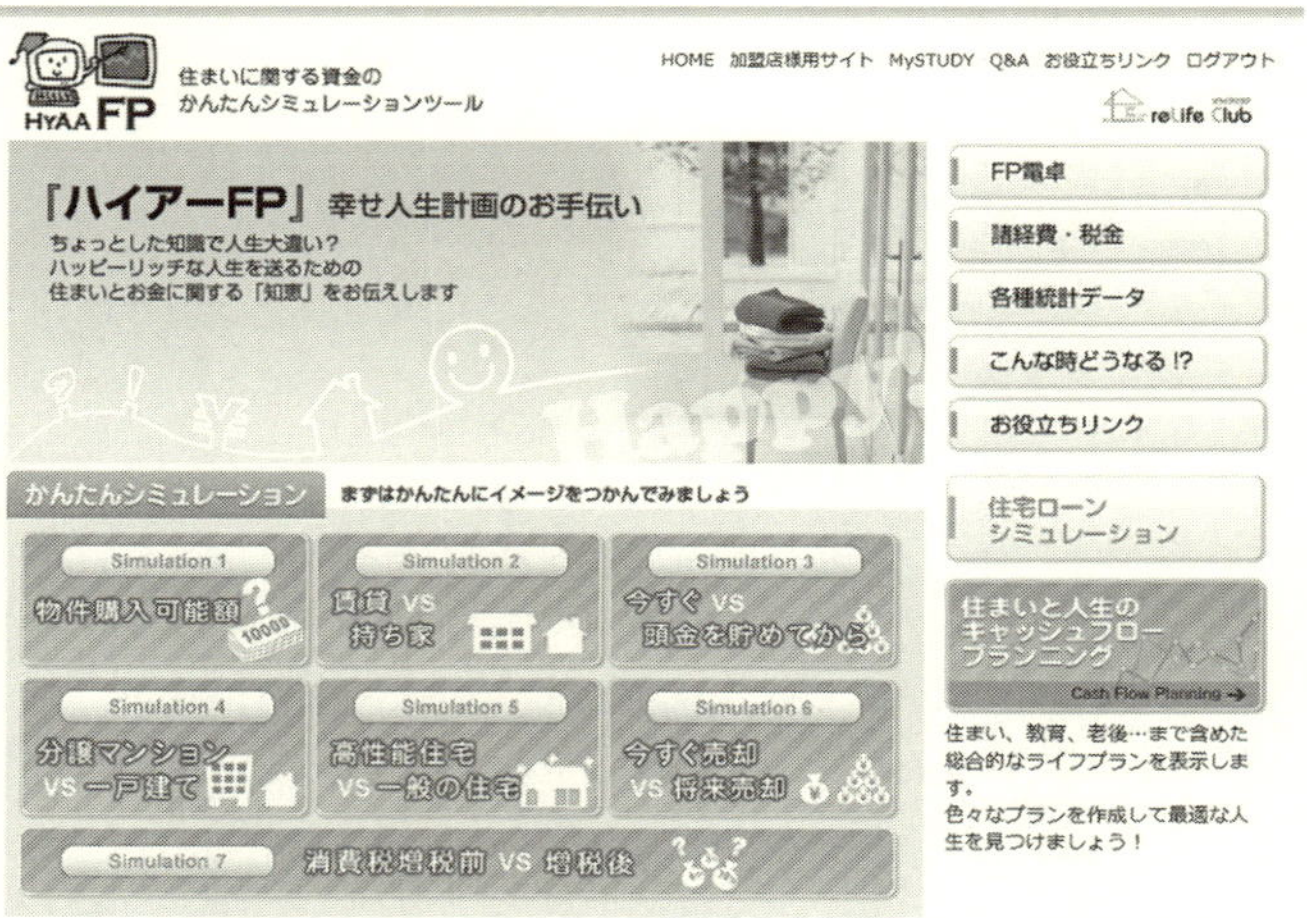

「住宅ローンシミュレーション」のほか「物件購入可能額」、「賃貸vs持ち家」などマイホーム取得の進め方を一緒に考えるためのさまざまなシミュレーションメニューが用意されている。

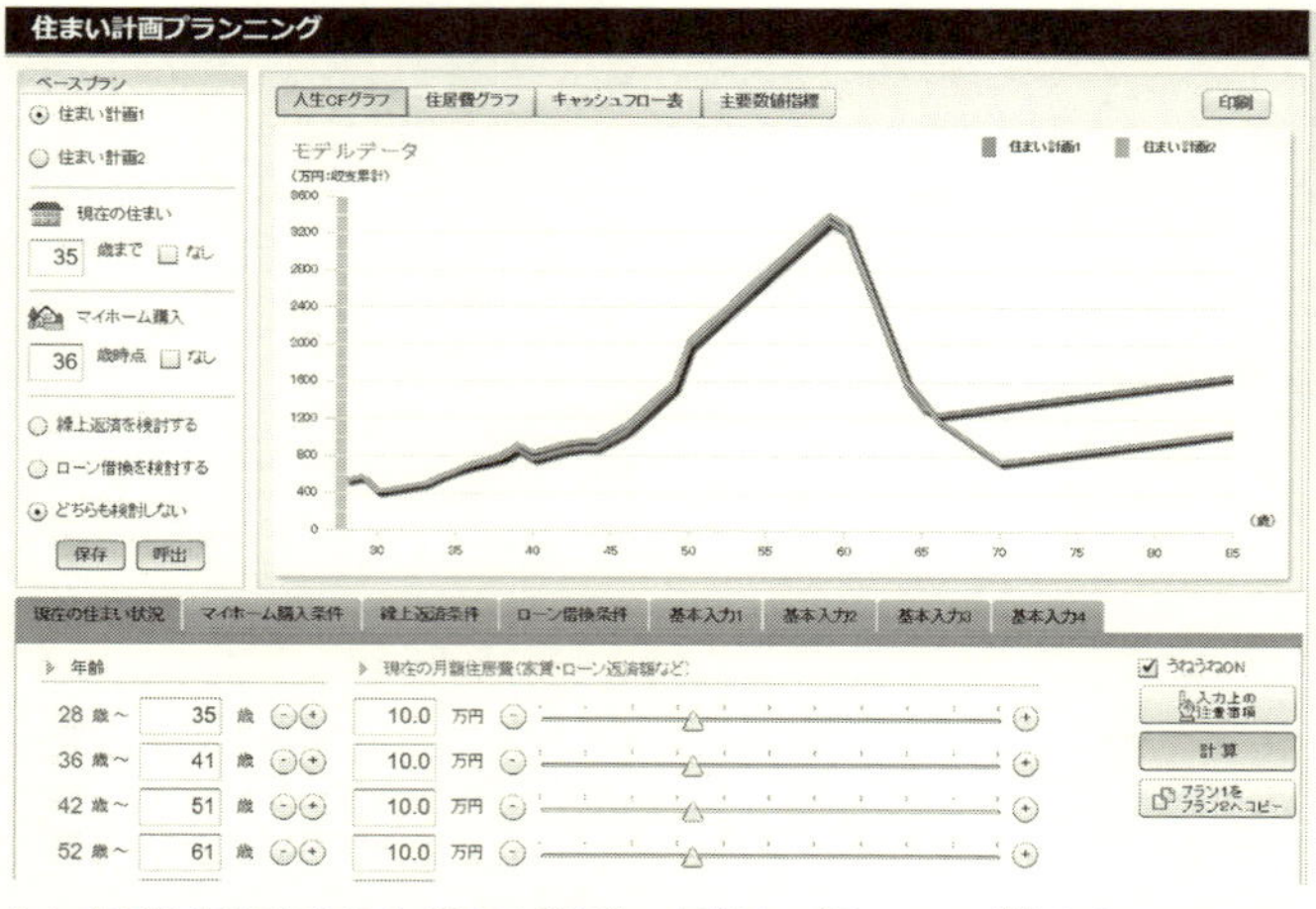

入力する数字を変えるとグラフが変化。最適なプランニングをシミュレーションし、住み始めてからの安心も目で見て確認できる。

あとがき

今も昔もマイホームは家族の夢です。

多くの人はマイホームを持ちたいと思っています。しかし、そう思っていても不安が大きすぎて必要以上に臆病になっている人がいます。「自分には買えない」と思い込んで、マイホームをあきらめて賃貸住宅に住み続けている人もいます。

「ひとりでも多くの人が安心してマイホームを購入できる環境をつくりたい」――。

これが私たちリライフクラブの理念です。リライフクラブが発足して11年の月日が流れました。今、全国で690以上の住宅会社、不動産仲介会社がリライフクラブの理念に賛同してプロジェクトに参画してくれています。そして、リライフクラブで住宅のFP（ファイナンシャルプランニング）を学び、実践してくれている住宅アドバイザーは2200人を超えました。

リライフクラブでは、住宅アドバイザーに対してFPシミュレーションシステム（ハイアーFP）を提供し、お客様への対応手法の研修会を行っています。本書に登場した8人の住宅アドバイザーのような良い事例を共有して勉強したり、年に一度の全国大会では優秀なアドバイザーを表彰したりしています。

そんな住宅アドバイザーたちは今日も全国各地でお客様の不安に寄り添い、安心してマイホームを取得していただくお手伝いをしてくれています。

私たちはまず個人が住宅不動産を安心して購入・運用・売却できる環境をつくらなければならないと考え、個人の資産である住宅の価値が正しく評価され維持される状態をつくること、安心して住宅不動産の取得の判断ができる方法を提供すること、住宅の供給者のイノベーションを実現することを掲げて活動しています。

住宅不動産会社と消費者の間のミスマッチを解消して、個人が納得し安心して住宅購入できる環境をつくる「リライフクラブ」のプロジェクトはまさにその一環です。

本書が、これからマイホームの購入や建て替え、買い替えを考えている皆さんが「よきアドバイザー」と出会うきっかけになれば幸いです。

最後になりましたが、本書の編集にあたってくださった住宅新報社出版編集部、全国の住宅アドバイザーを取材し、原稿をまとめてくださった殿木真美子さんに感謝を申し上げます。

そして、リライフクラブの理念に賛同いただき日頃から住宅FPアドバイザーの育成にご協力いただだいている住宅・不動産会社の経営者の皆様、そして全国で活躍する住宅FPアドバイザーの皆さまにも心より感謝を申し上げます。これからも共にひとりでも多くの人が安心してマイホームを購入できる環境を作ってまいりましょう。

2017年11月　川瀬太志

リライフクラブ・プロジェクトメンバー

顧問・ハイアーFP監修

山本嘉人

著者紹介

川瀬太志（かわせ・ふとし）

1967年生まれ。慶應義塾大学商学部卒業後、大和銀行（現りそな銀行）に入行し、コーポレートファイナンス業務（審査業務、渉外業務）にあたる。2000年大手経営コンサルティング会社に入社。不動産系関連FC本部長として100社余りのクライアント企業の業態転換に尽力。2005年ハイアス・アンド・カンパニー株式会社設立に参画、取締役に就任。個人が安心・納得して住宅を購入・運用・売却できる環境づくりに積極的に取り組む。全国で「損しない住宅の選び方・買い方」などのテーマで個人向けの勉強会なども実施している。著書に『資産価値の高い家づくり22の知識』（柿内和徳・共著／幻冬舎メディアコンサルティング）、『トクする家づくり損する家づくり――人生最大の買い物で後悔しないために賢くマイホームを建てるコツ』（柿内和徳・共著／ダイヤモンド社）、『家族の幸せと財産をつなぐ不動産コンサルティング』（矢部智仁・共著／住宅新報社）、『グッドパートナーと出会って納得のマイホームを手に入れた11のストーリー』（住宅新報社）がある。

リライフクラブ・プロジェクトメンバー　一同

顧問・ハイアーFP監修

山本嘉人

わたしたちが安心して家を買えた理由

2017年12月18日　初版発行

著　者　川　瀬　太　志
リライフクラブプロジェクト
発行者　中　野　孝　仁
発行所　㈱住宅新報社

出版・企画グループ　〒105-0001　東京都港区虎ノ門3-11-15（SVAX TTビル）
（本　社）　☎（03）6403-7806
販売促進グループ　〒105-0001　東京都港区虎ノ門3-11-15（SVAX TTビル）
☎（03）6403-7805

大阪支社　〒541-0046　大阪市中央区平野町1-8-13（平野町八千代ビル）　☎（06）6202-8541㈹

＊印刷・製本／亜細亜印刷㈱
落丁本・乱丁本はお取り替えいたします。

Printed in Japan
ISBN978-4-7892-3883-0 C2030